IJS 서울대학교 일본연구소
Reading Japan 22

북한 리스크와
한일협력

北朝鮮リスクと日韓協力

저 자 : 이주인 아쓰시(伊集院敦)

역 자 : 김민

제이앤씨
Publishing Company

본 저서는 정부(교육과학기술부)의 재원으로 한국연구재단의 지원을 받아
출판되었음(NRF-2008-362-B00006).

책 을 내 면 서

서울대 일본연구소는 국내외 저명한 연구자와 다양한 분야의 전문가를 초청하여 각종 강연회와 연구회를 개최하고 있습니다. 〈리딩재팬〉은 그 성과를 정리하고 기록한 시리즈입니다.

〈리딩재팬〉은 현대 일본의 정치, 외교, 경영, 경제, 역사, 사회, 문화 등에 걸친 현재적 쟁점들을 글로벌한 문제의식 속에서 알기 쉽게 풀어내고자 노력합니다. 일본 연구의 다양한 주제를 확산시키고, 사회적 소통을 넓혀 나가는 자리에 〈리딩재팬〉이 함께하겠습니다.

서울대학교 일본연구소
Reading Japan 22

차 례

강연록

- 한일국교정상화 50주년을 맞이한 2015년,
- 일본경제연구센터가 한·일 전문가들의
  협력을 얻어 조직한 연구회에서는, 북한 리
  스크에 대한 평가와 한·일 양국이 함께
  노력해야 할 리스크 경감 방안을 두고 활발
  히 의견을 교환하였다. 그 일부분을 소개하
  면서, 북한 리스크에 대한 대응과 한일협력
  의 방향성을 고찰해 본다.

북한 리스크와 한일협력

이주인 아쓰시
(伊集院敦)

　　북한이 최근 매우 활발한 움직임을 보이고 있다. 권력승계로부터 4년여의 시간이 경과한 김정은 정권은 핵무기나 미사일 개발에 매진하는 한편, 2016년 5월에는 36년 만에 당대회를 개최하며 새로운 체제를 구축했고, 경제정책 면에서도 새로운 시도를 하고 있다. 이처럼 다양한 변화를 포함한 최근 북한의 움직임을 필자는 어떻게 평가해야 할 것인가. 핵무기나 미사일로 대표되는 군사적인 리스크 외에도 정치, 경제, 사회 등 각 방면에서 어떠한 리스크가 고려될 수 있을 것인가. 그리고 이와 같은 리스크에 대하여 국제사회는 어떻게 대응해야 할 것인가. 이는 특히 북한과 인접한 한국이나 일본에게는 매우 중요한 문제가 아닐 수 없다.

　　필자가 소속되어 있는 일본의 민간 싱크탱크인 '일본경

제연구센터'에서는 한·일 국교정상화 50주년을 맞이한 2015
년, 한·일 양국의 연구자들을 조직하여 '북한 리스크와 한·
일 협력'을 주제로 삼아 공동연구를 시작하였다. 그 연구의
성과를 일본어와 영어로 작성된 보고서로 정리하였고, 일본
에서는 2016년 2월에 '해부 북한 리스크'라는 제목으로 출판
하여 일반에 공개하였다. 본고에서는 그 이후 북한을 둘러싼
움직임이나 본 연구 과정에서 직접 방문하여 파악한 북한의
현재 모습 등도 포함시켜 '북한 리스크와 한·일 협력'에 대
해 다시 한 번 논의하고자 한다. 본문 중 존칭은 생략하였으
며, 강연이 있었던 2016년 6월 7일 이후에 발생한 사건들도
가능한 범위에서 논의에 포함시켰다.

1. '김정은 시대'의 개막과 북한 리스크

1.1 단기간에 실현된 권력승계

2011년 12월 17일 김정일 총비서의 사망 후, 정치 면에
서 가장 눈에 띄었던 것은 김정은의 권력 공고화를 위한 움
직임이었다. 김정은은 2011년 말에 북한인민군 최고사령관
에 취임한 것에 뒤이어, 조선노동당 제1서기, 국방위원회 제1

위원장 등의 자리에 잇달아 취임하여 군·당·국가의 수반 (首班)이 되면서, 단기간에 최고지도자로서의 입지를 확보 했다.

김정은은 곧바로 절대적인 1인 독재 체제 구축을 위한 권력 장악 작업에 착수하여, 2012년 12월에는 숙부 장성택을 '국가전복음모행위'의 죄목으로 처형하였다. 장성택은 김정은의 후견인 혹은 사실상의 2인자로 여겨져 왔던 만큼, 이 사건이 내외에 안긴 충격은 컸다. 그 후로도 김정은은 측근에 대한 숙청과 승격을 반복하며, 권력을 자신에게 집중시키는 작업을 진행해 왔다.

정책 면에서는 김정일의 '선군정치(先軍政治)'를 계승하여, 군사를 우선시하는 국정운영을 지속하겠다는 방침을 표명하였다. 2013년 3월 노동당중앙위원회 총회에서는 '경제건설과 핵무력 건설의 병진노선(竝進路線)'을 정식으로 결정하였다. 같은 해 4월에는 '자위적 핵보유국의 지위를 더욱 공고히 할 데 대한 법'을 제정하면서, 핵무기 개발을 지속해 나가겠다는 자세를 분명히 하였다. 이를 전후하여, 같은 해 2월에는 제3차, 2016년 1월과 9월에는 각각 제4차, 제5차 핵실험을 감행, 제4차 핵실험에 대해서는 "최초의 수소폭탄 실험", 제5차에 대해서는 "핵탄두의 폭발실험"이라고 주장하였다.

북한에서는 '인공위성'이라 주장하고 있는 탄도미사일의

발사실험도 반복하였다. 북한의 핵·미사일 개발과 관련하여 국제사회에서는 UN안전보장이사회의 결의에 의거하여 제재를 지속하고 있지만, 북한은 핵무기 개발이 미국의 핵 위협에 대항하기 위한 수단이라고 주장하고, 미사일에 대해서도 "평화적인 우주개발은 국제법에 의하여 공인된 주권국가의 합법적 권리이다."라면서 물러서지 않고, 군사적 목적의 잠수함발사형 미사일이나 중장거리전략탄도미사일의 발사도 반복하고 있다.

김정은의 권력승계 이후, 정권운영의 스타일 면에서는 변화가 감지되는 부분도 있었다. 정권운영의 중심이 김정일 총비서가 중시해 왔던 국방위원회로부터 서서히 조선노동당으로 이동하면서 정권의 간부나 측근의 면면도 큰 폭으로 변화하였다.

김정은은 미디어를 통해 퍼스트레이디를 공개하는가 하면, 미니스커트 차림의 여성 음악 그룹 '모란봉악단'을 결성시키기도 했다. 모란봉악단의 콘서트에서는 '적국(敵國)'인 미국의 영화 '록키'의 테마송이 연주되는가 하면, 디즈니의 캐릭터와 유사한 인형까지 등장했다. 스스로 조부 김일성 주석과 닮은 헤어스타일이나 차림새를 하고서 연설에 나서는 등, 새 정권 발족 후 김정은이 북한의 주민들에게 보여준 변화는 일일이 열거하기도 벅찰 정도이다.

정책 면에서는 국방과 함께 경제발전에도 힘을 쏟겠다는 자세를 명확히 한 것이 김정은 정권의 특징이다. 2012년 4월에 있었던 열병식 당일의 연설에서는 군중 앞에서 직접 인민 생활의 향상에 집중할 생각임을 표명하였다. '경제건설과 핵무력건설의 병진노선'을 결정한 2013년 3월 노동당중앙위총회에서도 경제건설에 대한 의욕을 내보였고, 김정은이 직접 일본해(동해)에 면한 원산지구의 관광개발 등을 지시했다. 이어서 5월에는 외국 자본 유치 등을 겨냥한 경제개발구법을 제정하여, 전국 19개 지역의 경제개발구를 발표하였다.

경제 재건을 위한 움직임으로 공업이나 농업 분야에서 현장의 자주권을 확대하는 경제관리개선조치를 시행하였다. 북한에서는 계획경제가 정체를 겪고 있는 가운데 각지에서 시장이 확대되어 사람들의 생활이나 가치관에도 변화가 생겨나고 있다. 이러한 움직임이 이후 본격적인 개혁개방으로 이어질 수 있을 것인지에 주목할 필요가 있다.

그러나 단기간에 권력승계를 실현시킨 상황에서 김정은이 권력의 원천으로 삼고 있는 것은 역시 무력, 그 중에서도 특히 핵무기이다. 군 엘리트들을 숙청하거나 단기간에 인사이동을 반복하는 등 군부를 견제하면서도, 핵무기나 탄도미사일 등 대량살상무기의 개발은 지속하였다. 스타일에는 변화가 있다고 하더라도 핵무기에 집착하는 모습은 김정일 시대와 크게 달라진 점이 없다.

1.2 독자적 체제의 완성과 그 특징

부친으로부터의 권력 승계 작업이 일단락되면서 김정은의 독자적인 체제가 대강 완성된 것이 2016년이다. 5월 6~9일에 제7회 조선노동당대회를 36년 만에 개최하였다. 이어서 6월 29일에는 최고인민회의 제13기 제4차 회의를 열고, 당과 국회의 체제를 자기 방식대로 재편하였다.

즉, 당대회를 통해서는 새로운 지도자 자리인 당위원장에 취임하였고, 최고인민회의를 통해서는 헌법을 개정하여 종래의 '국방위원회'를 '국무위원회'로 개편한 후, 스스로 '국가의 최고지도자'인 국무위원회위원장에 취임하였다.

'국방위원회'는 김정일 총비서가 1990년대부터 추진해온 군사우선 노선인 '선군정치'의 핵심적인 기관이다. 신설된 '국무위원회'는 '국방위원회'에서 명칭만 변경된 것이 아니라, 그 위상에 있어서도 국방 문제에 한정하지 않고 국가의 전반적인 중요정책을 토의, 결정하는 '국가주권의 최고정책지도기관'이 되었다.

김정은 위원장은 '선군정치'의 계승을 표명하고는 있지만, 5월에 36년 만의 당대회를 개최한 것과 함께 북한을 '당중심'으로 정권을 운영하던 본래의 모습으로 돌려놓으려는 의도도 엿보인다. 김정일 총비서 시대의 체제는 구소련이나 사회주의 경제 블록의 붕괴 등으로 발생한 경제위기를 극복하기 위해서 고안된 일종의 비상체제였지만, 이를 위해 도입되었던 '군 중심' 체제로부터 탈피하여 국정을 정상화시키고자 하는 움직임으로도 볼 수 있다.

김정은 위원장의 의중은 인사(人事)에도 반영되었다. 당의 최고지도부인 정치국상무위원에 선발된 인물들은 김정은 위원장 외에 김영남 최고인민회의 상임위원회 위원장, 황병서 군총정치국장, 최룡해 당중앙위원회 부위원장, 박봉주 내각총리 등 4인. 국가기관인 국무위원회에서 김정은 위원장을 보좌하는 부위원장 자리에 선발된 인물들은 황병서, 박봉주, 최룡해 등이다. 이 중에는 현직 군인의 신분인 인물도 있지만, 모두 본래는 당 출신으로 분류되는 인물들이다. 그밖에 위원회 구성원들의 면면을 살펴보아도 군의 장로격인 인물이 배제되고 외교 분야의 전문가가 포함된 것 등이 눈에 띈다. 국무위원회는 국가의 최고정책지도기관이라는 위상에 걸맞게, 장차 당의 지도하에서 외교, 군사, 경제 등에 있어서 폭넓은 정책을 수립하게 될 것이라는 분석도 있다.

특히 주목해야 할 것은 정치국상무위원과 국무위원회의 부의원장을 겸직하게 된 박봉주 내각총리이다. 그는 2000년대 초반 경제개혁을 주도한 인물로 알려져 있는데, 한 차례 실각을 경험했음에도 김정은 시대에 다시 부상(浮上)하였다. 당대회에서 경제건설의 중심적 역할은 내각이 수행한다는 방침을 확정하였는데, 박봉주 내각총리가 바로 그 책임자이다. 그런 박봉주 내각총리가 이번에는 군사를 관장하는 당의 중앙군사위원회 위원도 겸하게 되었다. 새로운 체제 하에서는 당의 개입을 통하여 경제건설을 위한 군부의 협력을 이끌어내려고 하고 있는 것으로 보는 견해도 있다.

1.3 항구화된 '병진노선(竝進路線)'과 고조되는 군사적 리스크

독자적인 체제의 완성과 함께 분명히 드러나게 된 것이 김정은 정권의 기본 노선이다. 당대회에서는 '경제건설과 핵무기건설의 병진노선'을 항구적인 노선으로 규정하고, 보고를 맡은 김정은이 직접 재차 "(북한은) 책임 있는 핵보유국이다."라고 선언함으로써, 핵무기의 질과 양을 모두 강화해 나갈 방침임을 명확히 했다.

김정은은 '비핵화'나 '핵확산 방지'라는 단어를 사용하며 미국을 비롯한 국제 사회와의 접점을 찾는 듯한 자세도 보였다. 그러나 핵과 미사일의 개발을 계속하겠다는 의중 자체에는 변화가 없는 듯, "실용위성을 보다 많이 제작하여 쏘아 올려야 한다."라며 사실상 장거리탄도미사일에 대한 개발 및 실험을 계속하겠다는 뜻도 내비쳤다.

체제 유지를 위한 거액의 자금을 핵이나 미사일 개발에 쏟아 부은 상황에서, 또 하나의 목표인 경제건설, 특히 국민에게 약속한 '인민 생활의 향상'이라는 목표는 어떻게 되는 것일까. 국제사회의 제재가 점차 강화되면서 북한의 경제는 한층 더 곤궁해지는 것이 아닐까라고 보통은 생각하게 마련일 것이다. 그러나 이 점에 대해 김정은 정권은 핵무기를 통해 안전보장을 확보하게 됨으로써 추가적인 자금을 군사부문이 아닌 경제부문으로 돌릴 수가 있게 되기 때문에 이는 곧 인민 생활의 향상으로 이어진다고 대내적으로 설명하고 있다. 다른 나라의 입장에서는 수긍하기 어려운 논리이지만, '경제건설과 핵무기건설의 병진노선'에 관한 북한 나름의 논리이다.

북한은 2016년 9월까지 모두 다섯 차례에 걸쳐 핵실험을 감행했다. 과거 제1차~제3차 핵실험 때 발생한 인공지진파의 강도가 회를 거듭할수록 강해지고 있는 것으로 미루어보아, 북한의 핵능력이 고도화되고 있는 것으로 평가된다. 2016년 1월 6일에 전격적으로 실시된 제4차 핵실험을 두고 북한은 '수소폭탄' 실험에 성공했다고 주장하였지만, 한국 등 여러 나라의 전문가들은 북한이 '증폭형 핵분열탄' 실험에는 성공하지 못했다고 보고 있다. 만약 북한이 '증폭형 핵분열탄' 실험을 성공시켰다고 한다면, 제3차 핵실험 당시와 동일한 폭발력을 내기 위해 사용된 무기용 핵분열성물질의 양이 줄어들었다는 뜻이다. 이는 북한이 지금까지 주장해 온 핵폭발 장치의 소형화·경량화 수준이 보다 높아졌음을 의미하는 것이고, 다시 말하면 북한이 현재 보유 중인 지대지탄도미사일에 핵탄두를 탑재시키는 능력을 확보할 날이 머지않았다는 이야기이기도 하다. 북한이 "핵탄두의 폭발실험이었다."라고 주장하는 제5차 핵실험이 과거 대비 최대 규모였다고 분석됨에 따라, 북한의 핵무장에 대한 우려가 한층 깊어졌다.

북한은 다양한 사정거리의 지대지탄도미사일을 보유하고 있으며, 단거리미사일의 정밀도 향상과 장거리미사일의 실전배치를 위해 노력하고 있다. 북한이 현재 보유하고 있는 스커드, 노동 등의 단거리, 중거리지대지탄도미사일도 한국과 일본에 직접적인 위협이 되고 있으나, 북한의 국영방송은 2016년 6월 23일에 중장거리전략탄도미사일 '화성10호'의 발사실험에 성공하였다고 보도했다. 보도에 따르면, 예정된 궤도를 따라 고도 약 1,400km까지 상승 후 비행하여, 400km 전방에 설정된 목표 수역에 착탄하였다고 하고, 그동안의 현안이었던 대기권 재진입 구간에서의 전투부(탄두부) 내열성과 비행안전성도 검증되었다고 주장하였다.

미국 영토인 괌에 도달할 수 있는 '무수단'(사거리 3,000km 이상) 미사일이라고 여겨지는 이 미사일에 대한 보도가 사실이라면, 이는 핵탄두의 운반수단인 미사일 능력도 대폭 향상되었다는 뜻이며, 주변국들에게는 안보, 군사 면의 리스크가 한층 더 고조되었음을 의미하는 것이다.

북한이 이후 개방적인 인터넷 환경을 구축한 한국과 일본, 미국 등에 대한 사이버 공격을 더욱 강화할 것이라는 분석도 있다. 유사시에 사이버 공격과 물리 공격을 병행하는 전략을 집중적으로 추구할 가능성이 있다는 지적이다. 정치, 경제, 사회 등 북한이 촉발시키는 리스크는 광범위하지만, 군사적인 리스크가 가장 크다는 점은 분명하다.

1.4 '국가경제발전 5개년 전략'이란 무엇인가

당대회에서 경제건설의 새로운 방안으로서 공표한 것이 '국가경제발전 5개년 전략'이다. 김정은은 당대회에서의 보고 시에 정치나 군사에 비해 경제건설은 예상대로 잘 진행되지 않고 있음을 인정한 가운데, "2016년부터 2020년까지 국가경제발전 5개년 전략을 수행해야 한다."라고 강조하였다. 그 후에 열린 최고인민회의에서도 5개년 전략을 철저히 수행할 것을 의제로 채택하였다.

5개년 전략의 세부 내용은 아직까지 명확히 밝혀지지 않았지만, 김정은은 5개년 전략의 목적에 대해 "목표는 인민경제 전반을 활성화하고 경제부문 사이 균형을 보장하여 나라의 경제를 지속적으로 발전시킬 수 있는 토대를 만드는 것이다."라고 당대회에서 설명한 바가 있다. 5년이라는 기간 중에 "에너지 문제를 해결하고, 인민경제 선행부문(석탄, 전력, 금속, 철도운송), 기초공업부문을 정상궤도에 올려 세우며, 농업과 경공업 생산을 늘려 인민생활을 결정적으로 향상시켜야 한다."라고 지적했고, "특히 전력문제의 해결에 국가적 역량을 집중해야 한다."라고 강조하였다.

사회주의 계획경제를 주창하는 북한은 지금까지도 수차례에 걸쳐 5~7년 경제발전계획을 수립해 왔다. 지난 1980년의 당대회에서는 분야별로 수치화된 목표를 포함시키기도 했다. 당시에 '80년대의 사회주의 경제건설 10대 전망'을 제시했지만, 계획은 실현되지 못한 채 끝나고 말았다. 애당초 지나치게 부풀려진 목표를 세운 데다가 동서냉전의 종결로 인한 사회주의 권역 시장의 상실과 90년대 이후 잇달아 발생한 자연재해, 그리고 핵 문제 등을 둘러싸고 국제사회로부터의 고립을 자초한 것 등으로 인하여 장기 경제침체에 빠져들었던 것이다.

이번에는 명칭을 '계획'이 아닌 '전략'으로 정한 데에서 엿보이는 것처럼, 수치화된 목표보다는 방향성을 중시한 것이 아닌가 생각되는 면도 있다. 2015년 9월에 필자가 평양을 방문하였을 때, 북한 정부의 싱크탱크인 조선사회과학원의 연구자는 새로운 장기경제계획을 발표할 가능성에 대해 "2000년 이후 우리나라의 경제는 향상되고 있지만, 아직 전 분야에서의 생산이 정상화된 것은 아니며, 매년 당해 연도의 계획을 세우고 있다."라고 설명하였다. 지금은 경제발전전략을 준비하고 있는 단계이며, 이것이 궤도에 오르면 이전과 같은 장기경제계획을 발표하게 될 수도 있음을 시사하는 대목이다.

1.5 새로운 경제관리방식과 개혁개방의 가능성

5개년 전략의 구체적인 내용과 함께 주목되는 것이 북한의 향후 경제정책의 방향성, 특히 경제관리의 향방이다. 김정은은 당대회에서의 보고 시에 "나라의 경제사령부인 내각은 당의 노선과 정책에 따라서 국가경제발전전략과 단계별 계획을 현실적으로 세워 집행해야 한다."라고 지적하였지만, 그 방향성에 대해서는 불분명한 점이 많다.

경제관리에 관해서 김정은은 "공장, 기업소가 사회주의

기업 책임관리제의 요구에 맞게 경영전략을 세우고, 기업활동을 주동적으로, 창발적으로 하여야 한다."라고 언급하며, 기업이 부여받은 경영권을 원활히 사용할 수 있도록 국가가 조건을 마련해 주어야 한다는 생각을 내비쳤다.

북한에서는 최근 수 년간 '사회주의 기업책임관리제'를 통한 경제관리 개선의 시도가 진행되고 있다. 김정은의 지시가 내려진 날짜를 따라서 '5.30 노작'이라든가 '5.30 담화'라 이름 붙여진 조치들은, 공업 분야에서 기업의 권한을 확대하는 것을 골자로 하고 있다. 각 기업의 책임과 창조성을 높이기 위한 목적으로 계획, 생산, 노동력 조절 등의 권한을 확대시키고, 재정 면에서도 생산 단위를 결정할 수 있는 권한을 이전보다 확대시켜, 기업 활동을 통해 얻은 수익으로 임금을 올려주거나, 기술개발에 자금을 투자하는 것도 가능하도록 하였다. 현장의 생산 의욕을 높이고자 능력에 따라 외국기업과의 거래나 합작을 시도하는 것도 허용하였다. 농업 분야에서는 작업 단위를 세분화한 포전담당제의 도입도 진행되고 있다. 중국에서 70년대 말에 도입한 정책과 닮은 면도 있어서, 중국 등에서는 이를 두고 북한이 개혁개방을 향한 첫 걸음을 내딛었다고 고무적으로 평가하는 목소리도 있다.

반면 김정은은 "경제건설에서 전환적 국면을 열기 위해서는, 국가의 경제조직적 기능을 강화하여 주체(主體)사상을 구현한 우리식의 경제관리방법을 전면적으로 확립해야 한다."라고 언급하며, 중국의 개혁개방 정책과는 선을 긋는 모습도 보였다. 시장원리를 도입하는 경제개혁은 고사하고, 오히려 경제 면에서 국가의 관리와 통제를 강화하겠다는 의도가 내포된 발언이다.

북한에서는 경제적으로 장기침체를 겪는 과정에서 전국 각지에서 시장과 같은 비공식 경제가 확대되었다. 국민들에게 계획에 따른 충분한 배급을 할 수 없게 되자, 당국도 시장에서의 활동을 용인하는 쪽으로 입장을 바꿨다. 그러나 시장의 확대는 경제의 활성화에 효과가 있는 반면, 국가의 통제력을 약화시키고 사회를 불안정하게 만드는 리스크도 동반한다. 김정은의 발언은 정권이 안고 있는 딜레마를 그대로 드러낸 꼴이다.

김정은은 당대회에서 대외경제관계를 확대, 발전시키려는 의도를 강조하였다. 무역에 대해서는 "대외무역에서 신용을 지키고, 일변도를 없애며 가공품 수출과 기술무역, 봉사무역의 비중을 높이는 방향에서 무역구조를 개선해야 한다."라고 역설, 외국로부터의 자본, 기술 도입에 대해서도 "합영·합작을 주체적 입장에서 실리 있게 조직하여 선진기술을 받아들여 나라의 경제를 발전시키는 데 이바지하도록 하여야 한다."라고 공언하였다. 김정은 시대에 들어와 전국 약 20개 지역에 설치한 경제개발구에 관해서도 "경제개발구들에 유리한 투자 환경과 조건을 보장하여 운영을 활성화하며 관광을 활발히 조직해야 한다."라고 독려하였다.

그러나 이러한 정책은 핵·미사일 문제로 인하여 국제사회의 제재가 강화되고 있는 가운데에서는 그림의 떡이나 다름없는 것이다. UN안보리는 3월 2일에 ①북한에 출입하는 모든 화물에 대한 검사 의무화 ②항공연료의 공급금지 ③북한에서 채굴된 광물자원에 대한 수입금지 등의 조치를 포함한 제재 결의안을 채택했고, 한국은 남·북 경제교류의 상징이었던 개성 공업단지를 폐쇄했으며, 북한의 최대 무역상대국인 중국도 제재 이행에 보조를 맞추고 있다. 북한이 2016년부터 외국에 기대지 않고 자국의 자원·기술로 경제건설을 이루어나가는 '자강력 제일주의'를 슬로건으로 내걸었던 것도, 제재 강화 등으로 인해 험난한 시기가 닥쳐올 것을 예견했기 때문일 것이다.

5월의 당대회 후에는 "5개년 전략 수행의 돌파구를 연"다는 명목으로 '200일 전투'라 불리는 새로운 증산 캠페인이 선포되었다. 각 생산 부문에 할당량을 부과하는 전통적인 대중동원 방식이다. 이러한 움직임으로 미루어볼 때 적어도 당분간은 북한이 국제사회가 바라고 있는 개형개방의 방향으로 선회할 가능성은 낮아 보이며, 체제의 유지를 우선시하면서 자력갱생과 대중동원에 의존하는 경제운영을 지속할 공산이 크다고 여겨진다.

2. 현지방문을 통해 엿본 북한의 경제사회

필자는 2014년과 2015년에 연이어 북한을 방문할 기회를 얻었다. 2014년 9월에 방문한 곳은 경제특구 건설의 선두에 서 있는 북동부의 나선(羅先)시였다. 그 이듬해인 2015년 9월에는 수도인 평양(平壤), 그리고 관광개발에 힘을 쏟고 있는 지방도시인 원산(元山)과 금강산을 방문하여 북한 당국자들이나 경제연구자들로부터 여러 가지 이야기를 들을 수 있었다. 두 번의 방문 모두 여행자로서의 단기 체재였으며, 견학을 허락받지 못한 시설도 많았다. 북한의 실상을 파악하기에는 한계가 있었지만, 본 장에서는 현지 방문 중 관규(管窺)한 모습을 소개하면서 북한의 경제사회의 현황을 파헤쳐 보고자 한다.

2.1 바닥은 벗어난 북한 경제

평양을 방문한 것은 1997년 11월 이후 실로 18년만이었던 만큼, 평양의 현관이라고 할 수 있는 평양공항에 도착한 순간부터 여러 가지 변화를 실감할 수 있었다. 2015년 7월에 오픈한 평양공항 신(新)터미널에는 3개의 주기장이 있는데, 규모는 작지만 제법 현대적인 모습을 하고 있었다. 입국 시에 엄격한 수하물 검사를 받은 것 이외에는, 다른 나라의 국제공항과 커다란 차이가 없었다. 수하물 검사 시에는 특히 인쇄물이나 영상물의 반입에 대해 담당자들이 신경을 곤두세우고 있었다.

공항 내에는 주류 등을 취급하는 면세품점 외에 구두나 의류 등의 패션, 전자제품, 아동용 상품을 취급하는 전문점들이 늘어서 있었고, 레스토랑으로는 음료, 스낵 등을 제공하는 카페 외에도 아시아 요리나 유럽 요리를 제공하는 식당 등이 있었다. 편의점에는 색색의 포장으로 판매 경쟁을 펼치는 식품 회사들의 상품이 다양하게 진열되어 있었다.

〈그림1〉 평양공항 신터미널의 외관　　〈그림2〉 공항 내의 면세점

시내에는 아파트 신축이나 재개발이 진행되어 고층 빌

딩의 수가 늘어 있었다. 도로에는 자동차가 많아져, 아침저녁으로 정체가 발생하는 곳도 있을 정도였다. 녹색과 황색, 적색과 청색 등 다양한 색상의 택시들이 등장하여, 여러 회사들 간에 경쟁이 펼쳐지고 있었다.

〈그림3〉 김책공업대학의 연구자들 이 거주하는 미래과학거리 〈그림4〉 손님을 기다리는 다양한 색상의 택시들

경제활동은 이전과 비교해 활발해져 있었다. 이번에 견학한 국제견본시인 '제11회 평양 추계국제상품전람회'(9월 21일~24일, 평양시 3대 혁명전시관)에는 북한 외에도 중국, 말레이시아, 싱가포르, 독일, 대만 등 16개의 국가 및 지역에서 305개의 회사가 참가하였다.

견본시를 운영하는 조선국제전람사의 허병철(許丙哲) 과장에 따르면, 305개 회사 중 153개 회사가 북한 기업이라고 한다. 당초 북한 기업의 참가는 40~50개 회사 정도였지만, 최근 2~3년 사이에 급증하였는데, 김정일 총비서가 추진한 산업혁명이나 CNC(컴퓨터 제어)화 등의 결과로 기업이 자사

제품에 자신을 가지게 되어, 제품의 판촉에 적극적으로 나서게 되었다고 한다. 현재는 전시 공간에 제약이 있어서 전문 전시장을 새롭게 건설할 계획도 있다고 밝혔다.

전시상품은 북·중 합작 회사가 만든 평면TV나 컴퓨터 등의 전자제품 외에도 기계, 건축자재 등 종류가 다양하였다. 화

〈그림5〉 국제 견본시의 회장 내부

장품이나 일용품, 잡화, 건강식품, 의약품 등을 찾아서 전시 회장을 찾는 여성들도 많았다. 전람회의 폐막이 가까워오자 가격 할인도 시작되었다. 야외에는 중국제 트럭·승용차 외에도 최근 평양에서 인기가 높은 전동자전거 등도 전시되어 있었다. 김정은 정권은 인민의 생활 향상을 기치로 내걸고, 군수공업부문에까지도 생활필수품의 생산을 확대할 것을 요구하여, 경영자주권이 확대된 기업소들끼리의 경쟁도 심화되고 있다고 한다.

소비시설도 이전과 비교해 충실해져 있었다. 평상 시내에 있는 북·중 합작의 '광복지구상업중심'은, 평양 시민들이 시장에서와 마찬가지로 북한의 통화인 원으로 쇼핑을 할 수 있는 마트다. 1층에는 식료품 매장, 2층에는 의료·잡화 매

장이 들어서 있다. 가이드에 따르면 상품은 전체의 70% 정도
가 국산이고 "식품은 이전에는 중국산이 많았지만, 안전성에
대한 시민들의 인식이 높아져서 요즘에는 90% 이상이 국산"
이라고 하며, 일본제 조미료나 주류도 있었다.

작년에 나선을 방문했을 때에도 서민의 부엌이라고 일

〈그림6〉 국산품 비중이 늘었다는 평양의 북·
중 합작 마트 '광복지구상업중심'

컬어지는 나진시장
에서 다양한 상품을
볼 수 있었다. 17,
18년이라는 시간이
흐른 만큼 변화가
있는 것도 당연하겠
으나, 정권에 의한
경제건설의 효과가 어떠한가는 차치하고서라도, 쇼윈도라고
일컬어지는 수도나 경제특구의 표정으로부터는 구소련의 붕
괴나 자연재해로 인한 '고난의 행군'이 한창이었던 90년대와
같은 식량난이나 상품부족의 인상은 받을 수 없었다.

북한은 국내총생산(GDP)과 같은 통계를 발표하지 않지
만, 한국은행의 추산으로는 2011년 이후 4년 연속 플러스 성
장을 기록하였다고 하며, 여행 중 피부로 느낀 바로도 최악
의 시기는 벗어난 것이 아닌가 하는 인상을 받았다. 시장경제
의 확대로 부유층이 생겨나면서 빈부격차가 확대되는 등의

문제점을 안고 있지만, 개인 소비도 이전보다 늘어나고 있는 듯했다.

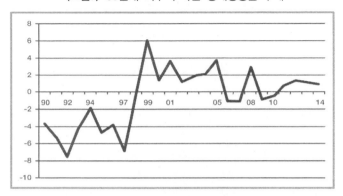

〈그림7〉 90년대 이후의 북한 경제성장률 추계

자료: 한국은행

그러나 경제활동에 반드시 필요한 에너지 사정은 여전히 좋지 않았다. 여행 중에도 몇 번이나 정전을 경험했다. 아파트 베란다에 전력확보용 태양광집열판이 잔뜩 설치되어 있는 풍경은 평양이나 지방이나 마찬가지였다. 조선사회과학원의 연구자들에 따르면 북한은 수력발전소 등의 증설에 집중하는 한편, 태양광이나 지열, 풍력, 조력 등을 이용하는 방법에 대해서도 연구를 진행하고, 또 전력 소모를 줄이기 위해 LED전구로 교환하는 것도 추진하고 있다지만, 효과는 한계가 있는 듯하다. 전력은 당이나 정부 기관이 집중되어 있는 수도권에 우선적으로 공급되고 있으니, 지방은 한층 더 심각한 상황에 처해있을 것임을 충분히 짐작할 수 있었다.

2.2 경제개혁과 대외개방의 현장

2015년 9월의 방문 시에는 평양의 중심부에서 차로 약 30분 정도 거리의 교외에 있는 '장천(將泉) 남새(채소)전문협동농장'을 견학했다. 공동 시설 18동, 주택 422호, 온실 665동(30ha)로 구성되어 있으며, 1,300명의 농장원, 그들의 가족까지 포함하면 3,200명이 생활하는, 평양에서는 중간 규모의 농장이다. 2014년 6월에 이곳을 시찰한 김정은의 지시로 재정비된 모델 농장으로, 견학을 위해 이곳을 찾았을 때에는 마침 서양의 방송국에서도 취재차 방문 중이었다.

생산성 향상을 위해서 10~20인으로 구성된 한 개 조를 다시 4~5인의 작업단위로 세분화하여 성과에 상응하는 그룹별 인센티브를 제공하는 포전담당제를 도입한 농장이다. 이 농장의 조영표 기사에 다르면 온실채소, 축산, 곡물이 3대 주요 생산물로, 주력 온실채소로는 토마토, 오이, 배추, 무 등을 재배하는데, 온실채소 재배의 경우 농장원 한 사람이 재배면적 1,200~1,500㎡ 정도를 담당한다고 하며 각각의 온실에 책임자 등을 표시해 놓고 있었다.

〈그림8〉 장천 채소농장의 전경도 를 앞에 두고 설명이 한 창인 농장 기사

〈그림9〉 온실 내부의 모습. 온실 책임자의 이름 등이 적혀 있는 팻말도 보인다.

　　새로운 관리시스템에 따라 국가는 채소·쌀·축산 등에 대하여 대략적인 생산비율을 제시하는 정도만 담당하게 되었다. 재배할 품종이나 작물의 배치, 재배시기 등은 '농장 책임관리제'에 따라 농장에서 자체적으로 결정한다. 상부 기관에 보고하고 결재를 받는 절차도 있지만, 농장원은 국가에 납부할 분량을 제외한 작물을 자유롭게 처분할 수 있으며, 농장의 직판장이나 시장에서도 판매가 가능한 시스템이다.

　　조선사회과학원의 연구자에 따르면, 북한의 2014년도 곡물 생산량은 571만 3천 톤으로, 2013년의 560만 톤보다 증가하였다. 포전담당책임제로 인해 농민의 생산의욕이 고취된 것도 하나의 요인으로, "농민이 자신에게 맡겨진 토지를 책임을 지고 경작하게 되면서, 스스로 선진적인 농업기술을 도입하고자 노력하게끔 되었다."라고 평가하였다. 사적인 의견이

라고 전제하면서도, 가뭄 피해가 있었던 2015년에도 생산량은 전년과 비슷한 수준이거나 약간 증가하였을 것이라는 견해도 피력했다.

장천 남새전문협동농장의 농장원 주택은 아파트와 단독주택이었는데, 태양광으로 온수를 공급하거나, 전력을 보충하는 등 에너지 절감 설계가 되어있었다. 단독주택의 경우 가축의 분뇨를 이용한 메탄가스 발생장치도 갖추어 취사에 사용하고 있었다. 북한 당국은 2016년까지 이러한 모델 농장을 각 도, 각 군마다 1개씩 건설할 계획이라는 설명을 들을 수 있었다.

대외 개방의 현장으로는 원산과 금강산을 방문할 수 있었다. 원산은 일본의 니이가타(新潟) 현과의 사이에 '만경봉호'가 취항하고 있는 일본해(동해) 연안의 거점 도시이다. 금강산은 기암괴석이 이어지는 산세와 아름다운 계곡으로 유명한 한반도 유수의 경승지다. 북한이 2014년 6월에 정령(政令)으로 개발총면적이 430㎢에 이르는 '원산－금강산 국제관광지대'를 설치하고, 원산, 마식령 스키장, 금강산 등 6개 지구로 나누어 개발을 진행하고 있다. "관광은 비교적 적은 투자로 큰 이익을 얻을 수 있다."(조선사회과학원 경제연구소)라고 보고 정부가 외자유치를 위해 설치한 각지의 경제특구나 경제개발구 중에서도 가장 개발에 힘을 쏟고 있는 지역이다.

'원산－금강산 국제 관광지대'의 핵심으로서, 김정은이 직접 지시하여 2013년 말에 완성된 것이 마식령 스키장이다. 건설에 군대를 투입하여 단기간에 10개의 슬로프를

〈그림10〉 새로 지어진 리조트 호텔에서 바라본 마식령 스키장

보유한 스키장과 호텔 2동을 완성시켰다.

호텔 지배인에 따르면, 슬로프의 최고지점인 대화봉(大火峰)의 높이는 해발 1,360m이며, 리프트를 갈아타면서 올라가야 한다. 초보자용의 1호 슬로프는 길이 500m 규모다. 스키 시즌은 11월 말엽부터 4월 초엽까지로, 적설량이 충분하지 않을 때에는 인공눈제조기를 사용한다.

호텔은 외벽과 내장에 목재를 많이 사용한 산장 스타일이다. 김정은이 직접 지시한 국제 리조트인 만큼 차분한 분위기 속에서 고급스러운 느낌이 묻어난다. 국가가 종업원 교육에도 힘을 쏟아, 관광총국이 선발한 인재들을 배치하였다. 객실은 1~3등급이 있으며 외국인이 3등급의 2인실을 혼자서 이용할 경우 104달러, 두 명이서 이용할 경우에는 143달러이다. 침실과 거실, 부엌을 갖춘 가족실은 4인 기준 252달러라

고 한다. 현지인의 이용요금에 대해서 물어봤지만 대답을 들을 수 없었다.

이미 본격적인 가동 단계에 들어가, 2015년 9월까지 약 3만 명 정도가 호텔을 이용했으며, 외국인 관광객들 중에는 중국인이 많고, 네덜란드, 독일, 미국 등 서양 각국이나 동남아시아에서 찾아오는 사람들도 있다고 한다. 겨울철 스키 관광뿐만 아니라 여름에는 원산에서 해수욕을 즐기려는 이용객도 있으며, 호텔에는 외국인 손님을 우선해서 투숙시키고, 빈 방이 있을 경우 북한 주민들이 이용할 수 있도록 하고 있다. 평양에서 손님을 모시기 위해 고려호텔에서부터 마식령 호텔까지 직통 버스도 운행하고 있다.

북한 당국이 서두르고 있는 것이 주변 인프라의 정비다. 평양에서 마식령 스키장까지는 버스로 약 4시간 정도 걸리지만, 평양과 원산을 잇는 고속도로는 상태가 나빠서 육로로 이동할 경우 상당한 진동에 시달리게 된다.

그래서 정비하게 된 것이 공항으로, 본래 군용이었던 '갈마 비행장'을 민간용으로 사용할 수 있도록 정비 중이었다. 원산시 중심부에 위치한 호텔의 최상층에서 원산만 건너 갈마반도를 바라보니, 바다 쪽으로 돌출된 반도(半島)의 초입에 여객 터미널이라 생각되는 건물의 모습이 눈에 들어왔다.

평양에서 만난 정부 직속의 원산지구 개발총회사의 유

경일(兪景日) 처장은 이 비행장에 대해서 "세계의 공항들과 비교해 보아도 손색이 없는 수준의, 완전한 민용 공항으로 전환될 것"이라며, "국제선 취항을 민용항공국에서 계획하고 동남아시아 각국과 협의 중으로, 이웃 나라들과 우리나라를 잇는 국제적 관광 코스에 대한 제안도 속속 접수되고 있다."라고 말했다.

마식령 호텔의 지배인에 따르면, 이미 2015년 9월 하순에 서양 등 각지에서부터 전세기를 타고 들어 온 손님들이 이 공항으로 착륙하여 호텔

〈그림11〉 갈마 공항의 터미널이라 여겨지는 건물

에 숙박한 적이 있다고 한다. 귀국 후에 인터넷을 검색해보니, 공항의 사전공개 당시의 사진들이 공개되어 있었다. 캐릭터를 사용한 공항 엠블럼 등도 보여, 민간인 이용을 위한 준비가 진행되고 있음을 확인할 수 있었다.

당분간은 민군(民軍) 공용이 될 공산이 크지만, 군사를 최우선시 하는 국가에서 군사 시설을 민용으로 전환한다는 것은 쉬운 일이 아니다. 군사 시설 중에서도 특히 중요한 공항을 민간이 이용하도록 한다는 것은 더더욱 쉽지 않을 것이다. 원산―금강산 지구의 개발에 대한 최고지도자의 결의가

어느 정도인지 엿보이는 대목이다. 반도의 끝자락에는 군인들을 위한 복지시설이 있는데, 이것도 민간용으로 전환할 계획이 있다고 한다.

한편, 날씨가 좋은 9월이었음에도 불구하고 금강산 일대는 전반적으로 한산했다. 대표적인 등산 코스인 '구룡폭포'까지의 코스도 견학하였다. 다행히도 날씨가 화창한 주말이었지만, 등산로에서 이따금 현지인 등산객이나 중국, 동유럽에서 온 관광객과 마주치는 정도였고, 사람 수는 결코 많지 않았다. 심지어 저녁 무렵 방문한 금강산 온천의 경우에는 남성용 로커가 400개 이상 비치되어 있었지만, 이용객은 우리들 일행뿐이었다.

금강산과 관련해서 잠시 언급하자면, 1998년에 한국의 재벌, 현대 그룹이 한국에서 출발하는 금강산 관광을 실현시켰다. 필자도 2000년에 여객선 투어에 참가한 경험이 있지만, 현지의 모습은 상당히 바뀌어 있었다. 당시 현대 그룹이 개발

〈그림12〉 한산했던 금강산 기슭의 휴게소

한 휴게시설 등의 인프라는 대부분 방치되어 있었다. 면세점 일부는 중국계 기업가가 인수하였지만, 서커스 공연이 펼쳐지던 문화회관이나 은행 등 관련 시설들 대

부분에서는 인기척도 느낄 수 없었다. 주차장에는 한국산 버스가 방치된 채였다. 대표적인 관광호텔인 금강산 호텔의 프론트에 설치되어있는 환율표에는 중국 위안화가 가장 위에 표시되어 있었는데, 최근 외국인 관광객 중에는 중국인들이 가장 많은 듯했다.

2.3 미묘한 대중국, 대러시아 경제 관계

북한의 경제특구인 나선 방문 시에는 공장을 견학할 수 있는 행운도 있었다. 그곳에서 들을 수 있었던 것은 경제제재 조치의 해제가 이루어져 한국, 일본과의 무역이 재개되기를 바라는 현장의 목소리였다. 이러한 목소리의 배후에는 중국에 대한 과도한 의존에서 벗어나 무역을 다각화하고자 하는 김정은 정권의 전략이 있음을 엿볼 수 있었다.

"지금은 대부분 중국으로 출하되고 있지만, 장해(제재)가 풀리면 한국에도, 일본에도 직접 판매할 수 있다." 이렇게 얘기해 준 사람은, 공장 내부를 안내해 준 나선 해성무역회사 의류 제1공장의 홍세봉(洪世峰) 공장장이었다.

일본해(동해) 연안에서 북한 제일의 생산능력을 자랑하는 이 의류공장은 스포츠웨어부터 속옷까지 각종 의류를 생산하고 있으며, 직원은 220명 정도다. 2010년 한국의 천

안함 침몰 사건으로 한국
이 남·북 교역금지 제재
조치를 취하기 전까지만
해도 한국에 직접 해상
운송을 하고 있었다. 공
장 직원의 평균 월급은
중국의 위안화 기준으로
480위안 정도. 가장 급여

〈그림13〉 제품의 대부분을 중국으로
출하하고 있는 나선 해성무
역회사의 의류 공장

가 많은 사람이라도 900위안 정도로, 국경 너머 중국 길림성
의 최저 임금보다도 훨씬 낮은 수준이다. 게다가 직원들의 기
술 수준이 높아 중국에서의 발주가 끊이지 않을 정도이고,
합작 요청도 거절하고 있는 상황이라고 한다.

"제재 조치가 있기 전에는 이 공장에서 일본에도 도화새
우나 성게, 대게 같은 것들을 수출하고 있었습니다만..." 이렇
게 얘기한 이는, 나선 대흥무역회사의 양명학(良明學) 대외
사업과장이었다. 현재 주요 거래처는 중국이지만, 수산가공
장 안에는 제재 전에 도입한 것으로 보이는 일본제 냉장·냉
동 시설이나 위생시설이 갖추어져 있었다. 무역제한이 풀리
면 현재 비어있는 건물을 임대해 주거나 합작 회사를 세우는
것도 가능할 것이라고 한다. 공장 옆에 위치한 부두에는 고기
잡이배가 계류 중이었는데, "일본과의 무역이 재개되면 고기

잡이배는 치우고 무역선을 정박시킬 것"이라고 얘기했다.

중국 기업 관계자 등에 따르면 의류, 수산물 등 북한에서 중국으로 수출된 상품이 다롄(大連)이나 훈춘(琿春) 등을 통해서 제3국으로 재수출되는 케이스가 지금도 적지 않다고 한다. 상품을 한국과 일본에 직접 보낼 수 있게 되면 그만큼 북한이 거두어드릴 이익도 늘어나게 된다. 제재의 결과로 거래처가 대체로 중국 한 곳으로 제한되면서 그 거래처로부터의 갖가지 요구에 시달리고 있는 북한의 공장 관계자가 한국이나 일본과 거래를 재개하는 것에 매력을 느끼는 것은 어쩌면 당연해 보인다.

대중무역이 전체 무역의 8할 정도를 차지하게 된 북한에서 무역의 다각화, 다양화는 이미 지상과제인 상황이다. 김정은 제1서기는 13년 3월의 노동당중앙위총회에서 무역의 다각화, 다양화를 당 간부에게 직접 지시하였다. 같은 해 말에 숙부 장성택 국방위원회 부위원장을 처형할 당시 죄목으로 든 것이 석탄을 비롯한 지하자원의 매각과 "나선 경제무역지대의 토지를 50년 기한으로 외국에 팔아넘긴 매국 행위"였다. 양자 모두 중국을 염두에 둔 것으로, 최고권력자의 자리에 막 등극한 젊은 지도자는 중국과의 소통 라인을 쥐고서 사실상의 넘버 2로서 국내외에 실력을 행사했던 숙부와 중국 모두에 대한 경계심을 팽창시키기고 있었던 듯하다.

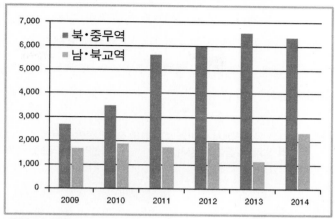

〈그림14〉 남·북 교역과 북·중 무역의 추이

자료: KOTRA　　　　　　　　　　　　　　　(단위: 100만 달러)

　　시내에는 중국 위안화가 널리 유통되고 있어서, 점심 식
사를 위해 들른 냉면 가게의 경우 메뉴판에 위안화로 가격을
표시해 놓고 있을 정도였다. 시민의 부엌이라고 할 수 있는
나진시장에서는 식품부터 의류, 잡화까지 다양한 상품이 판
매되고 있었지만, 해산물과 같은 신선제품을 제외하면 대부
분이 중국제였다. 값을 지불할 때에는 북한의 원화보다는 중
국의 위안화 사용이 일반적이었다. 사실상 '위안화 경제권'이
라고 해도 과언은 아니다.

　　나선에서는 봄부터 가을까지 매일 수백 명에 달하는 중
국인 관광객을 맞이하는 것도 커다란 수익원이다. 관광 코스

에 포함된 지역 유치원 참관에서는 유치원 원아들이 중국어 인사말이나 노래가 포함된 공연으로 관광객을 환영한다. 해안에 우뚝 서 있는, 홍콩 자본이 투자된 카지노 호텔의 이용객은 대부분은 중국인이며, 지역의 주민들은 입장할 수 없도록 되어있다.

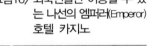

〈그림15〉 나선 유치원에서 원아들 〈그림16〉 외국인들만 이용할 수 있
　　　　 의 노래나 춤을 구경하　　　　 는 나선의 엠퍼러(Emperor)
　　　　 는 중국인 관광객들　　　　　 호텔 카지노

"중국의 군함이 입항하거나, 길거리에서 중국 군인이나 경찰을 보거나 한 일은 없다."라고는 얘기하면서도 "중국과의 관계는 솔직히 말해서 걱정되는 부분도 있다."라고, 슬쩍 이야기해준 사람도 있었다. 상대가 일본인임을 감안해서 한 얘기일 수도 있겠지만, 중국과 국경을 맞대고 있는 나선의 사람들은 녹록치 않은 현실과 최고지도자의 의중까지 고려하여, 이웃나라와의 새로운 관계를 모색하고 있는 듯했다.

북한이 무역의 다각화를 꾀하는 와중에 빠른 페이스로

관계를 강화시켜 나가고 있는 나라가 바로 중국에 필적하는 또 하나의 대국인 러시아다.

러시아는 중국에 대항이라도 하는 것처럼, 나진항 제3 부두의 이용권을 취득했다. 시베리아 철도와 연결되는 철도를 나진항의 제3부두까지 끌어들여, 러시아의 하산(Khasan)과 연결시키는 철도 개수(改修) 공사도 작년에 끝마쳤다. 이 구간은 북한이 채택하고 있는 열차의 표준 궤간(1,435㎜)과 러시아가 채택하고 있는 광궤(1,520㎜) 양쪽 모두에 호환된다. 2014년 7월에 제3부두의 정비공장이 완료되었을 때, 북·러 양국의 정부 관계자들이 출석하여 준공식을 열었다. 부두에는 크레인과 펜스도 갖추어져 있어, 주력으로 삼는 석탄의 하적뿐만이 아니라 컨테이너 운송에도 대응할 수 있다.

러시아가 나선 개발에 뛰어드는 것은, 한반도에서의 영향력을 강화하기 위해서이다. 냉전 시대, 구소련은 에너지 지원 등을 통해 북한에 절대적인 영향력을 미치고 있었지만, 냉전 종료 후에는 무역량도 큰 폭으로 감소하여 영향력이 한순간에 저하되었고, 최근에는 중국의 독주를 방관하고 있는 형국이 되어버렸다.

아시아 전략을 중시하는 푸틴 정권은 북한과의 통로를 활용하여 한반도에서의 영향력을 강화하고, 아시아 중시를 표방하는 미국 등에 대항하려는 노림수도 가지고 있다. 경제

면에서는 항만 개발이나 철도 연결 등을 통해, 러시아의 현안인 극동이나 동부 시베리아의 개발에도 이어지도록 하려는 작전이다.

〈그림17〉 러시아가 투자한 나진 항 제3부두

그 일환으로 협의되고 있는 것이 러시아와 북한의 에너지 협력이다. 러시아의 천연 가스를 북한을 경유하여 한국까지 운반하는 가스 파이프라인에 대한 구상이 이전부터 얘기되어 왔지만, 최근에는 전력지원에 관한 협의도 아울러 진행되고 있다. 북한의 에너지난은 여전하여, 필자가 나선을 방문한 3일 사이에도 두 차례의 정전을 경험했다. 주변에 전력을 공급하고 있던 선봉(先鋒) 화력발전소는 북·미 간의 제네바 합의에 따른 미국의 중유 공급이 중지되어 현재는 가동이 멈춘 상태다. 수력발전은 불안정하여 시내의 아파트 베란다에 태양광집열판이 설치되어 있는 것을 자주 목격했다. 그러나 태양광발전에도 한계가 있어, 보다 손쉬운 방법으로서 부상하게 된 것이 국경 너머의 러시아로부터 송전선을 끌어오는 구상이었던 것이다.

〈그림18〉 미국의 중유 공급 정지 〈그림19〉 나선의 중심가에 설치된
　　　　로 가동을 멈춘 상태인 　　　　가로등에는 태양광집열판
　　　　선봉의 화력발전소 　　　　이 설치되어 있다.

　　사실 나선으로의 송전 계획은 중국이 먼저 구상하고 있
었다. 국경 너머 중국의 훈춘 시에는 석탄화력발전소가 있어
서, 나선에 송전선을 연결하는 것에 대해서는 이전부터 북·
중 간에 합의가 되어 있었다. 그 합의가 백지화되면서, 전기
공급원을 러시아로 바꾸려는 교섭이 조심스레 시작되고 있
었던 것이다. 관계국 정보통에 의하면 이전의 합의가 백지화
된 것은 중국으로부터의 어떠한 정치적 요구가 원인이었다
고 하는데, 북한의 핵 문제를 둘러싼 북·중 사이의 관계 악
화가 영향을 미친 듯하다. 북·러 간의 교섭도 전기요금의
지불 방법 등을 둘러싸고 난항을 거듭하고 있는 모양이지만,
에너지 협력과 관련된 이와 같은 공방(攻防)은 북한과 주변
국 간의 관계 변화의 양상을 반영하고 있다.

2.4 갈 길이 먼 금융 시스템

국내의 경제개혁이나 외자유치를 위해 공통적으로 해결되어야 할 과제가 금융면에서의 개혁이다.

북한에서는 장기화된 경제난을 겪는 과정에서 자국 통화인 원의 가치가 폭락하여, 호텔이나 은행의 공정(公定) 환율과 시장 환율의 차이가 확대되면서 주민들 사이에서는 이른바 장롱저축이 쌓여갔다. 그 결과 화폐가 산업자금으로서 재투자되지 못하고 자금부족으로 이어지는 악순환에 빠지게 되었다. 2015년 9월 북한을 방문했을 때 호텔이나 공항에서의 환율은 1달러=106원 대였던 것에 비해, 시민들이 이용하는 마트인 '광복지구상업중심'의 환전소에서는 7,850원으로, 양자의 차이는 70배 이상에 달했다.

이런 가운데 평양 등지에 보급되고 있는 것이 현금을 충전하여 사용하는 선불 방식의 직불카드다. 북한의 무역결제 은행인 조선무역은행이 발행하는 '나래(날개)카드'인데, 은행 창구나 카드를 취급하는 상점 등에서 외화로 충전하고 사용한다. 외국인이 사용하는 것도 가능하며, 호텔 등에서도 간단히 구입할 수 있다.

외화가 통용되는 점포에서 사용할 수 있는 카드지만, 외국인이나 특별한 지위에 있는 사람들이 이전부터 이용하던

호화로운 외화전문상점만 이 아니라, 최근에는 주 택가의 편의점 비슷한 가 게에서도 외화를 받고 물 건을 판매하는 경우가 증 가하여서 이러한 곳들에 서도 사용이 가능하다. 외화 지불이 기본인 택시

〈그림20〉 카드는 공항의 매점에서도 사용 가능. 사용할 때에는 네 자리의 비밀번호를 입력

는 물론이고, 휴대전화 요금 지불 등에도 쓰인다.

북한은 작은 단위의 외국지폐가 부족해서, 달러로 물건을 살 경우 현금으로 거스름돈을 받지 못 하는 경우가 있다. 그런 점에서도 우수리까지 전자 결제로 정산할 수 있는 카드는 편리하다보니 요즘에는 평양시 대부분의 주민들이 가지고 있다는 얘기가 들릴 정도다.

빈부격차가 있다고는 하지만 그만큼 주민들 사이에서 외화의 사용이 확대되어, 환율의 2중 구조 속에서 쇼핑 품목에 따라 일상적으로 내화와 외화를 구분해서 사용하는 사람들까지 있다고 한다. 정부의 입장에서도 카드 결제를 통해 시중의 외화를 흡수함으로써 외화 관리가 쉬워지는 메리트가 있다.

북한에서는 2006년에 상업은행법이 시행되었지만, 그

후로도 외자 이외의 상업은행 설립은 진척되지 않고, 비공식적인 민간금융이 확대되고 있다. 외국기업이 수익을 국외로 반출할 시에 환율 계산 때문에 트러블이 발생하는 경우도 있어, 환율의 단일화는 언젠가는 전국적 규모로 해결하지 않으면 안되는 문제이다.

1년 전에 방문한 북한 동북부의 경제특구, 나선에서는 선구적인 조치로서 은행의 공정 환율을 시장의 실제 환율에 가깝게 하여, 환전이나 결제 시에 은행 이용을 촉진하는 정책을 추진하고 있었다. 국영 상업은행인 '황금의 삼각주은행'의 점내에서 중국의 위안화 환전을 시도해보니, 1위안=1,295원이었다. 같은 날 나진시장에서 들은 시장 환율은 1위안=1,350원으로, 그 차이는 5%도 채 되지 않았다.

어째서 그만큼 격차가 좁혀졌는지를 물어보니, 시정부의 관계자는 "시가(時價)에 가깝게 하는 정책을 추진하고 있기 때문"이라고 설명했다. 매일까지는 아니더라도 은행의 환

〈그림21〉 나선의 '황금의 삼각주은행'

율을 시장 가격에 접근하도록 수시로 조정하고 있다고 한다. 기업들에게는 의무적으로 은행에서 계좌를 개설하도록 하고, 외화의 환전은 반드시 은행

을 통해서만 하도록 당국이 지도하여 기업회계도 시가(市價)를 기본으로 삼도록 하는 정책인데, 이를 위반하는 경우에는 패널티가 부과되게끔 되어있다고 한다.

북한의 학술연구지인 '경제연구'(14년 3호)에는 "은행의 역할을 높이는 것은 경제강국 건설에서 나서는 중요한 요구"란 제목의 논문이 게재되었다. 논문에서는 "유휴화폐자금은 국가의 중요한 재정예비의 하나다."라고 지적하며, "외자에 의존하지 않고 자력으로 경제건설에 필요한 자금을 해결할 수 있도록 하는 것"의 중요성을 역설하였다.

나선의 상업은행 점내에서 잠시 살펴본 환전 등을 포함하여, 금융 분야의 개혁은 주민이나 기업이 보유하고 있는 화폐를 금융제도의 틀 안으로 끌어들여, 기업의 투자나 생산자금으로서 활용하도록 하는 것이 목적이라고 여겨진다.

그럼에도 불구하고 가혹한 상황 하에서 스스로 자기의 생활을 지키는 방식을 택할 수밖에 없었던 북한의 주민들에게서 이러한 정책에 대한 협력을 구하는 것은 쉽지 않을지도 모른다. 북한에서는 2009년에 구(舊)화폐 100원과 신(新)화폐 1원의 통화 교환을 강행하면서, 교환 금액에 상한을 두어 금융 시스템을 대혼란에 빠뜨렸다. 은행 계좌의 개설이 의무화된 기업은 둘째 치더라도, 갈대처럼 이리저리 방향이 뒤바뀌는 경제 정책에 줄곧 농락당해 온 북한의 주민들 사이에서는 당국에 대한 불신감이 남아있다고 해도 이상하지 않다.

실제로 북적이는 나진(羅津)의 상품시장과는 달리, 은행의 점내는 한산했다.

평양에서 만난 조선사회과학원 경제연구소의 연구자는 금융개혁에 대해 "주민이 보유하고 있는 자금을 최대한 동원하기 위해

〈그림22〉 평양시에 완성된 조선중앙은행 고층 빌딩

은행의 신용도를 높이는 것이 중요하다."라고 말하며, 금융시스템의 정비에 있어서는 주민들로부터의 신용을 회복하는 것이 최우선임을 인정했다.

노동당 창건 70주년 기념행사를 앞둔 평상시의 중심부에서는, 북한의 중앙은행인 조선중앙은행의 고층 빌딩이 거의 완성되어 오픈을 준비하고 있었다. 생산 확대를 위한 경제관리개선이나 외자유치에 이어, 금융시스템의 개혁이 이후의 초점이 될 듯하다.

2.5 변하지 않는 국가의 통일적 지도와 대중동원

공업, 농업 양 분야에서 생산현장에 권한을 위임함으로

써 생산을 자극하는 방법을 살펴보면, 덩샤오핑(鄧小平)이 주도한 중국의 개혁개방정책의 초기단계와 닮아있다. 그러나 북한은 "개혁개방의 첫 걸음도, 시장경제를 도입하는 것도 아니다."라며 선을 긋고 있다. 평양에서 만난 조선사회과학원의 연구자도 "우리들의 조치는 계획경제발전의 필요에서부터 나온 것으로, 국가의 통일적 지도를 강화하고, 하부(下部)의 창의성을 높이는 것이다."라고 강조하였다.

실제로 2015년 9월의 방북 기간 중에는 당의 절대적인 지시로 인하여 계획 달성에 쫓기는 현장을 여기저기서 목격하였는데, 가령 10월 10일의 노동당 창건 70주년에 맞추기 위해 한밤중이 되어서도 과학자들을 위한 고층 아파트의 건설 작업을 계속하는 노동자들이나, 연간 생산계획의 조기 달성을 요구 받은 각종 공장 등이 있었다.

구호는 '10월 10일을 향하여.' 그 여파로 인해, 방문단이 희망한 공장 견학도 "견학을 받아 줄 여유가 없다."라는 이유로 성사되지 못 했다. 북한 경제의 문제점이라 일컬어지는 상명하달식의 지령형(指令型) 경제에는 커다란 변화가 없는 것이다.

북한에서는 이전에 서울 올림픽에 대항하고자 개최한 '세계청년학생제전'이나 '김일성 탄생 70주년'과 같은 주요 행사 때마다 거대 건조물이나 역사적인 기념비의 건설을 무리하게 추진함으로써 경제에 후유증을 남긴 사례가 있다.

이번에는 그때와 비교하면 과학기술 관련시설이나 발전소 등 국가의 발전전략과 관계된 시설의 건설도 많지만, 북·중 국경 가까이 건설한 백두산영웅

〈그림23〉 기념일을 위해 퍼레이드 연습에 동원된 소년들. 평양의 김일성 광장 앞

청년발전소 같은 경우는 "지난 10년간 진행해 온 것보다 방대한 건설과제를 불과 넉 달 만에 완공했다."(조선중앙통신)라고 한다. 2014년 5월에 평양에서 아파트 붕괴사고가 일어난지 얼마 되지도 않은 시점이라, 해외에서는 안전성에 대해 우려하는 목소리도 나오고 있다.

평양 시내의 광장에서는 기념행사를 위한 퍼레이드 등의 연습에 매진하는 사람들을 볼 수 있었다. 한국의 유력지인 조선일보는 전자판에서 소식통의 말을 인용하여 북한이 이번의 기념행사를 위해 14억 달러 상당의 비용을 투입한 것으로 추정된다는 보도를 냈다. 북한의 무역 총액(약 70억 달러)의 약 5분의 1에 해당하는 액수다.

생산이나 소비의 현장에서 새로운 면모를 보여주는 평양이지만, 옛날과 달라지지 않는 '속도전'과 '대중동원'으로부

터는 불안감도 느껴졌다.

북한의 보도에 따르면 2016년 5월에 36년 만에 열린 조선노동당대회 전에는 생산 실적을 올리기 위한 '70일 전투'가 전개되었다. 그리고 당대회 직후에는 새로운 경제정책을 잔뜩 담은 '국가경제건설 5개년 전략'을 수행하기 위한 돌파구를 연다는 명목으로 '200일 전투'라 불리는 새로운 증산 캠페인이 선포되었다. 방북 기간 중 동행한 북한의 안내인은 방문단 일행에게 이러한 활동의 의의를 강조하며, 자신들도 직장마다의 동원활동에 참가하고 있다고 설명했다.

그러나 거듭 수립하기 바쁜 생산 캠페인은 오히려 경제 부문을 심각하게 피폐화시켜, 주민들의 불만을 증가시킬 가능성도 있지 않을까.

3. 북한 리스크에 대한 대응

한일국교정상화 50주년을 맞이한 2015년, 일본경제연구센터가 한·일 전문가들의 협력을 얻어 조직한 연구회에서는, 북한 리스크에 대한 평가와 한·일 양국이 함께 노력해야 할 리스크 경감 방안을 두고 활발히 의견을 교환하였다.

그 일부분을 소개하면서, 북한 리스크에 대한 대응과 한일협력의 방향성을 고찰해 본다.

3.1 북한의 변화와 리스크를 둘러싼 논의

리스크 평가에 있어서 연구회에서 가장 먼저 문제가 되었던 것은 북한의 최근 움직임, 특히 김정은 정권이 탄생한 이후의 변화에 대한 평가였다. 당초 많은 이들의 예상과는 달리, 김정은은 스스로의 권력 강화를 위하여 이른 단계에서부터 빠른 움직임을 보였다. 2013년 12월에 숙부이자 사실상의 넘버 2라고 일컬어지던 장성택을 처형하였고, 15년 5월에는 군의 실력자였던 현영철(玄永哲) 인민무력상이 반역죄로 총살되었다고 한국의 언론이 보도하여 대단한 충격을 안겼다.

김정은 정권이 과연 안정화할 수 있을 것인가 하는 것은 인접국인 한·일 양국에게 있어서 매우 중대한 문제이다. 일련의 사건 직후에 "군부의 불만을 억누르기 위한 김정은의 공포정치"라고 보는 견해도 언론에서 보도되었지만, 연구회에서는 "김정은 정권은 체제강화에 어느 정도 성공하였다."라는 분석도 나왔다. "부친인 김정일 총비서와 다른 통치 스타일로 간부를 검열하는 작업이 앞으로도 이어질 것", "단기적으로는 안정성이 높아지지만, 중기적으로는 미지수", "대외

정책도 진폭이 크고, 주기(週期)가 빠르다."라는 등의 의견도 제출되었다.

2016년 5월, 36년 만에 열린 제7회 조선노동당대회에서 보고에 나선 김정은은 장성택 등을 염두에 두고 "국가의 최고권력을 노리면서 당 안에 분파를 조성하고 우리의 사상과 제도를 변질시키려고 교활하게 책동한 현대판 종파분자들을 제때에 단호히 적발숙청함으로써 주체혁명의 명맥을 굳건히 고수하고 당의 통일단결을 더욱 공고히 하였다."라고 지적, "세도와 관료주의, 부정부패현상과의 투쟁을 강도높이 벌여야"한다고 강조하여, 이후에도 부패추궁이나 간부숙청 등의 숙청 작업이 지속될 가능성을 시사하였다.

한편 김정은은 체중이 과거 4년간 40kg 정도 더 늘어서 약 130kg으로 증가하였는가 하면, 습격에 대한 두려움으로 불면증을 앓고 있다는 한국 정보기관의 보고도 전해지고 있다. 지도자의 건강 문제 등을 포함하여 북한에서는 언제 어떠한 형태로 예상치 못한 사태가 일어날지 알 수 없기 때문에, 관계국들 간의 정보 공유에 만전을 기해야 할 필요가 있다.

한·일의 안전보장과 직결된 핵·미사일의 문제에 대해서 연구회에서는 비관적인 견해가 주류를 이루었다. 김정은 정권은 13년 3월에 노동당중앙위총회에서 '경제건설과 핵무력 건설의 병진노선'을 결정하고, 그 기본 방침에 따라 핵・미사일의 개발을 진행하고 있으며, 대외관계나 국내정치 어느 쪽의 이유에서든 "북한이 스스로 핵 폐기를 결정하리라고는 기대할 수 없다."라는 목소리가 대부분이었다. 당대회에서는 병진노선을 항구적인 노선으로 할 것임을 확인한 만큼, 핵무기의 개발을 고집하는 자세가 이어질 것이라고 인식할 필요가 있을 것이다.

북한의 핵 개발에 대한 대응과 관련해서는 "북한의 핵 보유는 이미 기정사실화되어 있으며, 핵 보유의 억제나 핵을 포기했을 때의 보상을 골자로 하는 기존의 전략이 이후에도 먹혀들 것인지 의문이다."라는 지적도 있었다. 국제사회가 향후 북한으로 하여금 핵을 전면적으로 폐기하도록 압박하려고 해도 "당장은 핵의 사용 저지나 핵 개발 정지에 중점을 두어야 한다."라는 의견도 개진되었다.

북한과 전통적으로 우호관계를 이어온 중국은 대화를 통한 해결을 의도하여 비핵화 논의와 북한이 원하는 평화협정의 논의를 병행해서 실시하는 방안을 관계국들에 타진했다.

한편, 미국에서는 핵 개발 동결 등의 중간적인 목표를 두고 교섭하는 것에 대해 부정적인 의견도 강세다. 이처럼 국제사회의 보조가 흐트러지는 것은 북한을 이롭게 할 뿐이므로, 향후 관계국 간의 의견 일치를 시도해야 할 문제이다.

안전보장 문제에서는 북한에 의한 사이버 공격에 대한

대비가 더욱 중요해지고 있다는 인식을 공유했다.

김정은 정권이 체제강화나 인민의 지지를 획득하기 위해서 지금까지 이상으로 경제정책에 힘을 쏟고 있다는 점에 대해서는 대부분의 연구자들의 견해가 일치했다. 시장의 공인·활용이나 경제개발구의 창설, 기업소의 경영자주권 확대, 생산단위의 축소 등에 의한 농업개혁 등이 골자다. 배급을 주로 하는 계획경제가 정체 상태에 놓이자 새로운 방책을 모색하고 있는 것이다. 연구자들 중 상당수는 광물자원이나 노동력 수출의 확대, 식량·전력 인프라의 개선 등을 근거로 북한의 경제가 밑바닥에서부터 점차 향상되고 있다는 견해를 피력했다.

반면, 김정은 정권이 진행하는 경제정책의 모순이나 리스크도 많이 지적되었다. 핵 개발 등으로 인해 국제사회에서 고립을 자초하면서도 경제개발구에 외자를 유치하고자 시도하는 점이나, 시장과 사회통제의 관계, 중국에 대한 의존도의 심화 등이 그것이다. 특히 시장과 사회통제의 관계에 있어서는, 정권에 시장적 요소가 확대되면 확대될수록 외부로부터의 정보유입이나 새로운 권력자의 대두, 부패의 확산, 격차의 확대와 같은, 상당한 리스크를 초래하지 않을 수 없다.

실제로 북한 사회에서는 '돈주[金主]'라 불리는 사적 금융업자가 새로운 부유층으로 각지에 등장하고 있다. 이러한 현상과 관련해서는 "돈주의 배후에는 반드시 관료 등이 있어서, 공적 부문과 사적경제가 유착되어 있다.", "명의나 부동산 등 비즈니스의 권리를 부여하는 대신에 권력자가 이익을 얻고 있으며, 자원이나 상품의 공급 능력을 가지는 것은 어디까지나 정권", "지금은 정권이 시장을 통제할 수 있다는 자신감에 기초하여 정책을 운영하고 있다."라는 분석도 있었다.

법률에 근거하여 개인의 재산권이 보호 받거나 경제활동이 충분히 보장되지 않는 상황을 두고 '시장화'라고 부를 수 있을 것인가에 대해서는 견해가 엇갈렸다. "김정은 정권이 겨냥하고 있는 것은 개방이 아닌 개발이며, 추진 중인 것은 개혁이 아닌 변화"라는 지적이 있는 한편, "외국으로부터의 투자가 증가하면 모순이 발생할 것"이라며 화교자본과 북한의 국가자본 사이의 갈등을 예상하는 의견도 있었다.

북한의 사회에 대해서도 논의되었다. 오래 지속된 경제난이나 시장의 확대가 주민의 가치관을 변화시키고 있다. 나아가서는 인구 문제가 미치는 영향도 있는 듯하다. 북한에서도 저출산 문제로 학령인구(學齡人口)가 이미 감소세로 돌아섰기 때문에, 미래에는 노동력이 감소될 것으로 예상된다. 따라서 경제성장을 위해서는 생산성 향상이 필수불가결이다. 의무 교육을 기존의 11년에서 12년으로 연장한다고 발표한 것이나, 과학기술 교육을 강화하는 등의 교육개혁에 집중하고 있는 것도 생산성 향상을 위해서이며, "교육 분야에서도 세계화를 의식하여 과학이나 실리, 경쟁이 중시되기 시작했다."라는 지적도 있었다. 교육의 변화가 사회의 변화를 촉진할 가능성이 있다는 분석이다. 종래의 사회주의적 가치관이나 김씨 일가를 신격화하는 사상과의 모순을 어떻게 극복할 것인지, 시장의 문제와 마찬가지로 '변화의 임계점'을 주시해야 한다는 의견이 있었다.

북한의 리스크를 어떻게 이해할 것인가 하는 문제를 두고도 여러 가지 의견이 표출되었다. 북한의 '체제'에 주목하면 '사회주의 혁명정권'이라는 성격이 지니는 근본적인 리스크가 있어서, 그 존재 자체가 자유주의 진영에 속하는 한국이나 일본의 체제에는 리스크로 작용한다. 문제의 성격으로 눈길을 돌리면 핵 문제, 미사일 문제, 납치 문제 등 북한의 '공격적 대외 자세'로 인한 리스크와 경제 문제, 식량 문제, 체제유지 문제 등 북한의 '불안정성이나 취약성'으로 인한 리스크로 크게 구별할 수 있다는 의견도 제시되었다.

다만 이러한 구별은 주로 주변국이 인지하거나 우려하는 리스크이며, '공격적인 대외자세'로 인한 리스크와 '불안정성·취약성'으로 인한 리스크가 확연히 구별되어 존재하는 것은 아니다. "북한의 행동에는 속내와 겉치레가 있어서, 언제까지나 겉치레만 붙잡고 씨름해도 의미가 없다."라며, 북한의 속내를 꿰뚫어 보고 본심과 맞부딪히기 위한 협의가 보다 더 필요해지고 있다는 의견이 있었다. 연구자들은 이를 위해서 "북한이 생각하는 리스크에 대해서도 분석을 할 필요가 있다."라고 지적했다. "북한은 한·미·일의 연합에 대한 체제안전보장의 리스크도 감지하고 있을 것이고, 시장 등 비사회주의적 현상의 확대가 초래할 수 있는 사회불안이나 부작용이 만연하는 리스크 등도 우려하고 있을 것이다.", "북한이 어째서 그렇게 느끼게 되었는지를 분석하여 종합적으로 검토할 필요가 있다."라는 의견도 제출되었다.

3.2 리스크 경감을 위한 아이디어와 정책 메뉴

연구회에서는 북한 리스크를 경감시키기 위한 대책, 한·일 협력의 방안에 대하여서도 심사숙고하여 여러 가지 의견을 교환하였다. 그러한 과정을 통해 도출된 주요한 제안은 다음과 같다.

단·중기 과제
- 북한의 도발행위에 대한 대응준비 강화
- 북한의 급변사태에 대한 대응준비 강화
- 북한의 정세에 대한 정보 수집능력의 강화·인식의 공유

- 핵·미사일 문제의 해결을 위한 연대
- 6자회담 재개 문제에 대한 대응
- 사이버 공격 문제를 포함한, 중국에 대한 대응
- 일본의 신(新)안보법제 하에서의 한·일 안보협력
- 한·일의 상호군수지원협정(ACSA)의 조기 체결
- 한·일 간의 포괄적 군사정보보호협정(GSOMIA)의 조기 체결
- 한반도 정세의 안정을 위한 남·북 대화와 교류 촉진
- 일본인 납치 문제의 해결
- 한·일 간의 인도적 문제에 대한 대응, 문화·스포츠 교류, 연락사무소 설치
- 한·일 자유무역협정(FTA)의 교류협력 가속화
- 북한도 의식하고 있는 한·중·일 자유무역협정(FTA)의 교섭 촉진
- 환경, 테러 대책, 전염병 등 세계적 문제에 대한 협력

중·장기 과제

- 남북통일 후까지를 시야에 넣은 장기적인 협력체제의 비전 창안
- 북한의 지역개발과 동북아시아의 발전·평화를 위한 협력
- 동아시아의 장래상 구축 − '국경 없는' 정치·경제 공동체 전망

- 핵 문제의 진전과 병행하여 북한의 경제개발구에 공동 진출 (중국, 러시아와 함께)
- 북한의 시장화를 촉진할 상품이나 중간재의 공급
- 한·일 관계개선과 환일본해(동해)경제권의 구축
- 한·북·일 3개국 협력 – 산업 근대화 설비·기술도입 및 북한으로부터의 공동개발 수입
- 다국간 협력 – 포스트 6개국 협의체의 동북아시아 안보협력
- 다국간 협력 – 물류·에너지·환경 분야 등에서의 연대
- 다국간 협력 – 아시아 개발은행(ADB), 아시아·인프라투자은행(AIIB) 등 국제 금융 기구의 활용과, 동북아시아 개발은행(NEADB) 구상 검토

북한의 리스크 경감을 위한 대책 논의는 정치, 경제, 사회 등 다방면, 다항목을 아울렀다. 모든 항목이 다 필요한 것들이지만, 사실상 각 항목들을 개별적으로 살펴보았을 때 그다지 새롭지만은 않다. 좀 더 솔직히 이야기하자면, 대부분의 전문가들은 한 번쯤 본 적이 있을 법한 항목들이다. 그도 그럴 것이, 한반도는 제2차 세계대전 이후 남·북이 분단되어 70년의 세월이 경과하였고, 북한의 핵 위험이 국제적인 문제로 부상한 지도 벌써 20년 이상의 시간이 흘렀다. 그 동안 한반도의 평화와 안정, 남·북의 화해와 교류, 긴장의 완화 등

에 대해서 수많은 사람들이 장기간에 걸쳐 의논에 의논을 거듭해 왔다. 이는 이미 마법과도 같은 아이디어가 한 순간에 떠오를 수 있는 성격의 문제가 아닌 것이다.

3.3 정책조율과 포괄적 프로그램의 예

북한 리스크 경감을 위한 정책 메뉴에는 서로 모순되는 듯한 항목들이 포함되어 있다. 북한의 리스크가 '공격적 대외자세'에서 기인하는 리스크와 '불안정성·취약성'으로 인한 리스크라는 양면성이 있으며, 그 대책도 상반되는 성질의 것들이 계속 고안되기 때문이다. 정책 당국자 등이 곧잘 사용하는 말을 인용하자면 '대화와 압력', '교류와 억제'와 같은 것들이 된다. 그러므로 중요한 것은 이러한 메뉴에서 우선 어떤 선택지를 고르고, 어떠한 순서로 그것들을 실행해 나갈 것인가를 조율하는 문제이다.

실은 과거에 이미 그러한 점을 고려하여 포괄적인 프로그램을 구상한 전례도 있었다.

한반도 문제에 대한 주요 관계국들인 한국, 북한, 미국, 중국, 일본, 러시아 등 6개국의 합의에서 도출된 2005년 9월 19일의 6자회담 공동성명이 그 중 한 가지이다. 공동성명은 주로 안보, 경제 양쪽에 관한 내용인데, 평화적인 방법을 통해 한반도를 검증 가능한 비핵화 지대로 하는 것이 목표임을 확인하면서, 북한은 모든 핵무기 및 기존의 핵 계획을 포기하는 것과 핵무기 비확산 조약 및 국제원자력기구(IAEA)의 보장조치에 조기 복귀할 것을 약속했다. 북한이 안보상 최대 위협으로 간주하는 미국은, 한반도 내에서 핵무기를 보유하지 않고, 북한에 대하여 핵무기 혹은 통상무기를 사용한 공격이나 침략을 기도할 의사가 없음을 확인하였다.

지금까지 적대관계를 지속해 온 북·미가 각자의 정책에 기초하여 국교를 정상화한다는 내용과, 북·일도 2002년의 평양선언에 따라 과거를 청산하고 국교를 정상화하기 위한 조치를 취한다는 내용을 담았다. 6개국은 에너지, 무역 및 투자 분야 등 경제분야에서의 협력을 추진한다는 데에도 의견 일치를 보았다. 한국, 미국, 중국, 일본, 러시아가 북한에 에너지 지원 의사를 내비치고, 한국은 구체적인 조치로서 200만 킬로와트의 전력 공급 의사를 표명했다.

6자회담은 그 후 2006년 북한의 미사일 발사나 핵실험으로 인해 정체되었으나, 2007년 2월에는 '공동성명의 실시를 위한 초기단계의 조치'라 이름붙인 공동문서를 채택, ①한반도의 비핵화 ②북·미 국교 정상화 ③한·일 국교 정상화 ④경제 및 에너지 협력 ⑤동북아시아의 평화 및 안보 체제 ― 이상 5개 분야에 대해서 실무그룹을 발족시키는 방침을 발표하고 문제 해결의 순서를 제시했다. 이 문서에는 북한에 대한 긴급 에너지 지원이 언급되었고, 장기적인 과제로서 동북아시아의 경제발전을 뒷받침하는 새로운 안전보장 체제를 구축하는 전망도 제시되었다. 경제개발의 기초인 안전보장이나 에너지 문제에 고심하는 북한에게 있어서는 득이 되는 점도 많은 합의 내용이어서, 중단된 회의가 재개되고 합의 내용이 제대로 이행되는 것이 신뢰회복의 첫걸음이 될 것이라는 기대가 많았다.

그러나 그 후 눈에 띄는 진전이 없었던 것은 주지의 사실이다. 북한이 핵실험을 거듭하는 지금에 이르러서는, 6자회담에 대해서 "북한에 핵을 개발할 시간과 여유를 부여했을 뿐이다."라는 평가도 있다. 그러나 합의 내용을 살리지 못했던 배경에는 북한 측의 문제만이 아니라, 최우선 순위나 목적의 불일치로 인하여 보조가 흐트러진 한국, 미국, 중국, 일본, 러시아 쪽에도 충실을 기하지 못한 점들이 있었던 것도 사실이다. 모처럼 선택지는 갖추어졌는데, 북한의 대응을 압박하기 위한 5개국의 결의와 단결을 충분히 보여주지 못했다. 조율능력과 정치적인 힘이 부족했던 것이다. 안보정책 등에서는 동맹국, 우호국 간에서도 미묘한 태도의 차이가 있는 것이 당연하겠지만, 가장 중요한 한·미·일 사이에서도 태도의 차이가 확연했던 것이다.

한·미·일의 연대는 90년대 말 제도화된 한·미·일 대북정책조정그룹(TCOG)에서처럼 비교적 제대로 기능한 전례도 있다. 미국의 클린턴 대통령은 당시에 현안이었던 북한 미사일 문제 등에 대응하기 위해 공화당 관계자들로부터의 신임도 두터웠던 페리 전 국방장관을 북한 문제에 관한 사실상의 특사인 정책조정관에 임명하였고, 3개국은 실무자 레벨의 협의를 빈번하게 진행하면서 정책을 가다듬어, 미국 대통령 앞으로 페리 보고서라는 포괄적인 프로그램을 작성하여 제출하였다. 이러한 노력이 제대로 기능할 수 있었던 이유는 클린턴 대통령과 한국의 김대중 대통령, 일본의 오부치 게이조(小渕恵三) 총리 등 정치지도자 간에 신뢰관계가 있었기 때문이다. 내정·외교의 조정자로서 페리 전 장관과 같은 거물이 기용된 점도 크게 작용했다. 한반도 문제처럼 조율이 까다로운 문제일수록 정치지도자의 리더십이 중요하다.

3.4 정상(頂上)들이 관여하는 새로운 포괄교협의 필요성

한국이나 일본, 미국 등의 민주주의 국가에 있어서는 외교안보의 커다란 문제 해결에 국민의 지지가 반드시 필요하지만, 매사를 국민 여론에 맡겨서는 정치도 외교도 의미가 없다. 인기를 얻기 위해서 민족주의적 정서에 호소하며 대외 강경책을 서로 경쟁하듯 내놓는 것은 어리석음의 극치이다.

내용이나 순서 면에서 문제점이 지적되었다고는 하지만, 북한에서 제4차 핵실험이 실시되기 이전에 일본에서 신(新)안보법제가 성립된 것이 일본의 당국자들에게는 어떤 의미로는 행운이었는지도 모른다. 이것이 만일 핵실험 직후 일본이 당황하여 대응한 것처럼 받아들여졌다면, 동북아시아의 긴장을 한층 더 고조시켰을 가능성도 부정할 수 없다. 그렇게 되는 것이야말로 북한이 바라는 바다. 필요한 안보체제는 평시에 구축해 놓을 필요가 있다.

북한과 같은 국가와 교섭할 때에는, 그 일체를 국민 여론에 맡기는 것이 아니라, 내정과의 사이에 어느 정도 거리를 두고 객관적인 정보와 데이터를 근거로 냉정한 대응을 모색하는 노력도 필요하다. 실제로 미국이나 한국은 지금까지 북한에 대해 온건책과 강경책을 번갈아 실시해 왔지만, 협력일변도로도, 또 압력일변도로도 북한을 근본적으로 변화시키는 것은 불가능했다. "경제협력을 우선하면 취할 것만 취하고서 시치미를 떼버리고, 압력만을 가하면 반발할 뿐"이라는 것이 과거 30년 가까이 북한과 마주해 온 전 외교관이 얻은 교훈이다. 군사 우선의 벼랑끝 외교를 지속한 결과, 국민들을 풍족하게 할 수 없었던 북한이야말로 반성을 해야 하지만,

주변국들도 지금까지의 경험에서 배워야 할 점이 있다. 북한의 핵 문제가 부상한 뒤로부터 약 20년간의 한반도 정세는 긴장과 대화의 반복이었다. 북한의 군사적 도발이나 대량살상무기 개발로 인한 위기가 고조될 때마다 관계국은 북한에 경제지원을 제공하는 등 사태를 무마시키기 위한 노력에 급급했을 뿐, 문제의 근본적인 해결에는 이르지 못했다. 관계국 사이에서의 주도권 다툼이나 흐트러진 보조가 북한에게 틈을 허용해, 비핵화에 대한 조치나 경제개혁 등을 뒤로 미루는 것을 허용했을 뿐만이 아니라, 핵이나 미사일 능력 향상을 위한 시간적 여유까지도 벌게 만드는 결과가 되고 말았던 것을 항상 상기할 필요가 있다. 비핵화와 경제발전을 위한 트랜스포메이션(체재개혁)을 위해서, 관계국들은 행동을 확실히 조율하면서 대응하는 것이 중요하다.

각국의 조율의 전제로서 정상(頂上)들 스스로의 결의도 필요하다. 그간 북한과의 교섭을 되짚어보면, 사태의 커다란 진전을 이끌어 낸 것은 정상들이 결의하고, 북한의 최고지도자를 상대로 하여 포괄적인 교섭을 진행한 때였다. 한반도처럼 대립의 역사가 길고 관계국의 이해가 복잡하게 얽혀있는 지역의 문제는 실무 레벨에서의 대화만으로는 한계가 있으며, 수뇌부 레벨의 결단과 정치적 리더십이 반드시 필요하다. 핵이나 미사일 외에 납치 문제 등 복잡한 문제를 안고 있는 북한과의 교섭은, 정상들이 합심하여 커다란 종합 대책을 세워 실행하는 편이 효과적이다.

사실 과거에 한반도의 안보 문제가 좀처럼 진전을 보지 못한 것은, 그동안의 상황이 관계국들의 정권에 있어서 반드시 나쁜 점만 있는 것은 아니었기 때문이기도 하다. 중국은 북한을 한·미 등에 대한 완충지대로 설정하였는가 하면, 국내적으로도 많은 조선족 주민을 포함하고 있어서, 난민유입 등 내정에 영향을 받을 수 있는 리스크를 안고 있다. 다른 관계국들도 이와 마찬가지로 문제의 소재는 인식하면서도, 본심으로는 여러 가지 이유로 현상유지를 원하는 모종의 역학도 기능하고 있는 것이다.

그러나 북한의 현상은 이미 허용범위를 넘어서고 있다. 대화에 응하는 것만으로도 북한에 대가를 제공하는 것은 피해야 하지만, 상황을 방치할 때의 리스크와 관여할 때의 리스크를 잘 비교 검토해 보아야 한다. 지금까지 오랜 기간 꿈쩍도 하지 않았던 거대한 산을 이번에야말로 움직이고자 한다면, 정책의 완급을 조절하여 북한에 압력과 인센티브(장려책) 모두 기존의 것들을 상회하는 강력한 메뉴를 준비해야 할 필요가 있다. 약간의 알력이 발생하는 것은 각오해야 한다. 최악의 사태에 대비한 위기관리계획을 갖추고서, 모든 관계국들의 정상(頂上)을 포함한 교섭의 틀을 만들어 포괄적인 해결을 기도하는 것, 이것이 구상해 볼 수 있는 평화적 수단 가운데에서 유일하게 실현 가능성이 있는 방안일 것이다.

북한은 비록 면적은 좁지만, 희귀금속을 포함한 천연자원이 풍부하고 국민의 교육수준도 높다. 정책을 그르치지 않는다면 단기간에 경제발전을 이룩할 수 있는 잠재력이 있다. 지리적으로도 중요한 지역에 위치하고 있어서 물류나 에너지 등 동북아시아의 경제협력을 진전시키는 데에 있어서도 열쇠를 쥐고 있다. 북한과 관계국의 정상들의 결단에 따라 윈윈할 수 있는 구상을 만들어낼 수 있는 가능성도 있는 것이다. 특히 주변국들에게는 리스크를 기회로 바꾸는 발상도 필요할 것이다.

3.5 미·중의 역할과 한·일 연대의 중요성

여기서 중요한 것이 세계최강의 군사력을 자랑하는 미국과, 북한에 대하여 큰 영향력을 행사할 수 있는 이웃국가인 중국의 역할이다. 미국에서는 2016년 11월에 열린 대통령선거에서 도날드 트럼프가 승리를 거두었다. 트럼프는 선거기간 중에 동맹국의 방위비용 부담을 늘려야 한다고 주장하는 한편, 김정은과의 정상회담을 언급하기도 하여 논란을 일으켰다. 신정권에서 새로운 아시아 정책이 결정될 때까지는 시간이 걸려, 자칫하면 상당기간 한반도 정책에 '공백'이 지속될 수도 있다. 그러한 때야말로 동아시아에 위치한 한국이나 일본의 지도자들의 역할이 중요하다. 다소 미묘한 차이가 있기는 하지만, 한·일이 북한 문제와 관련하여 안고 있는 리스크는 공통되는 부분이 많으므로, 양국이 힘을 합쳐서 미국과 중국에 협력을 요청해야 할 필요가 있다.

핵과 미사일 실험을 반복하는 북한에 대한 제재의 실효성을 높이기 위해서 중국의 협력이 필요하다는 것은 두말할 필요도 없을 것이다. 그러나 제4차 핵실험으로 인해 냉각되었다는 북·중 관계도 물밑에서는 여러 가지 움직임이 있다. 새로운 경제권을 구축하려는 중국의 '일대일로(一帶一路, 신실크로드) 구상'이나 북한에 대한 인프라 지원을 두고 여러 가지 논의가 진행 중이라는 정보도 있다. 그 논의가 어떻게 진행되느냐에 따라 한·일에 플러스 요인이 될 수도 있지만, 관계국과의 조율 과정이 부족하면 마이너스 요인이 될 가능성도 있다.

경제협력의 확대로 북한의 중국 의존도가 지나치게 높아져버리면 한국이 바라는 형태의 남북통일은 더욱 멀어진다. 북한에 대한 중국의 지배력이 강화되어, 일본해(동해)가 중국의 내해(內海)처럼 되어버리면 일본의 안전보장에도 중대한 영향을 미치게 된다. 일본해(동해)에 접하고 있지 않은 중국은 북한 동북부의 항구도시인 나선의 공동개발에 참여하는 한편, 해군 함대를 일본해(동해)의 거점 도시인 원산항에 기항시킨 일도 있다. 북한 리스크가 중국 리스크로 전환, 발전된 것이다. 한반도를 둘러싸고 중국과 일본이 다툼을 벌였던 지난날의 역사를 되짚어볼 필요가 있을 것이다.

국익을 앞세우는 중국에 대하여 한·일 양국만이 맞대응해서는 한계가 있다. 여러 가지 국제적 문제들 가운데에서도 한반도 문제가 얼마나 중요한 문제인가를 미국의 새 대통령에게 인식시켜, 미국으로부터도 중국에 대한 보다 강한 대응을 이끌어낼 필요가 있을 것이다. 그 준비는 지금 즉시 시작하지 않으면 안 된다.

북한의 거듭된 핵실험은 핵의 비확산이라는 점에서 미·중을 단결시킬 가능성이 있는 반면에, 이 문제에 대한 대처 방법을 두고 동아시아에 있어서의 안전보장을 둘러싼 주도권 다툼까지 얽혀들면, 미·중 대립을 격화시키는 요인이 될 가능성도 있다. 주한미군에 고고도미사일방어체계(THAAD)를 배치하는 문제를 둘러싸고 미·중 간에 발생한 대립이 전형적인 예이다. 한국과 일본은 연대를 돈독히 하면서 미·중을 유리한 방향으로 움직이는 역할도 수행해야 한다.

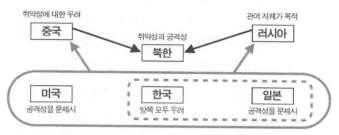

〈그림24〉 북한 리스크를 둘러싼 주요국의 관계

취약성에 대한 우려 　중국　　취약성과 공격성　북한　　관여 자체가 목적　러시아

미국 공격성을 문제시　한국 양쪽 모두 우려　일본 공격성을 문제시

자료: '해부 북한 리스크' p.250 히라이와 슌지(平岩俊司) 작성

　　한·일 양국 정부는 2015년 12월 28일, 최대의 현안이었던 구(舊) 일본군의 종군위안부 문제에 대하여 '최종적이며 불가역적인 해결'에 합의하였지만, 그동안 크게 손상된 관계를 재구축하는 과정으로서는 겨우 첫 걸음을 떼었을 뿐이다. 지도자들이 서로 다른 방향만 바라보고 있으면 그 아래의 관료조직도 움직이지 않는다. 과거에 있었던 '셔틀외교'처럼 양국의 정상들이 자주 만나서 양국의 현안에 대해 논의할 수 있는 관계를 재구축하지 않으면 안 된다.

　　미국을 개입시키지 않고서는 북한에 대한 대응이나 안보 문제에 대해 한·일 양국이 심도 있는 교류를 할 수 없다는 것도 이상한 일이다. 외교, 국방당국의 안보대화는 2015년 봄까지 실로 5년 동안이나 열리지 않았다. 재개된 국장급 회의뿐만이 아니라, 장관급의 2 플러스 2 회의도 열리도록

해야 한다. 2015년 11월, 박근혜 대통령과 아베 신조 총리의 정상회담이 3년 반 만에 실현된 과정에서 양측 정상의 측근들이 조율에 힘썼다고는 하지만, 국가안전보장회의(NSC)를 뒷받침하는 사무조직의 수장들끼리도 평시에 안전보장이나 전략적 문제에 대해 솔직하게 의견을 교환할 수 있는 관계를 구축해두지 않으면 안 될 것이다.

양국의 정치지도자들이 한국의 환태평양경제동반자협정(TPP) 참가 문제나 한·일 자유무역협정(FTA), 한·중·일 자유무역협정(FTA) 등에 대해서, 장래 동북아시아의 경제권 구축이나 북한 문제를 시야에 넣고, 보다 전략적인 관점에서 이야기하는 것도 중요하다.

이러한 것들은 모두 리더가 결단을 내리면 가능한 것들이다. 한·일의 정치지도자가 대국적인 시야를 잃고 우선순위가 낮은 문제로 대립각을 세우는 사태가 또다시 초래되어서는 안 된다. 북한 문제를 비롯한 이 지역의 리스크를 어떻게 경감시킬 것인가. 전환점을 맞이한 동북아시아의 정세는, 정치지도자의 태만을 기다려 줄 여유가 없다. 제2차 세계대전의 종전으로부터 70년이 경과하였고, 한·일 국교정상화로부터도 50년이 흘렀다. 이 중차대한 시기에 정권을 맡게 된 한·일 양국의 지도자들에게는 향후 50년까지도 내다보고 심도 있는 협의를 진행하여 동북아시아의 평화와 발전을 위한 노력을 전진시켜 나가야할 책무가 있다.

3.6 제재와 전략, 전술

한·일 양국은 지도자들 간의 신뢰관계를 구축하는 한편, 차분한 분위기 속에서 실무적인 면에서도 구체적인 계획을 세울 필요가 있다.

북한이 2016년 초부터 핵실험이나 미사일 발사 등을 연이어 강행하고 있는 시기인 만큼, 우선은 도발행위를 억제하고 제재를 이행하는 것에 중점을 두는 것은 당연하다. 이전부터 현안으로 여겨져 온 한·일 상호군수지원협정(ACSA)이나 포괄적 군사정보보호협정(GSOMIA)은 조기에 체결할 필요가 있다.

한·미 양국은 같은 해 7월 8일, 북한의 핵·미사일 위협에 대처하기 위해 사드(THAAD)를 주한 미군에 배치하기로 결정하였다고 발표하였다. 미사일 방어에 관해서는 일본과 미국 사이에서도 협력이 이루어지고 있다. 동맹 관계에 있는 한·미, 미·일에 더하여 한·일간의 안보협력을 추진함으로써 한·미·일 3개국의 안보협력을 강화하는 것이 곧 북한에 대한 억제력 향상으로 이어진다.

북한에 대한 제재에 대해서도 보조를 맞출 필요가 있다.

한국과 일본은 UN안보리의 결의에 따른 제재에 더하여 독자적인 제재조치도 시행하고 있다. 경제제재의 효과를 높이기 위해서는 북한의 경제활동에 대해 압도적인 영향력을 지니고 있는 중국이 제재결의를 충실히 이행하는가가 초점이 될 것이다. 한국과 일본은 미국 등과 연대하여 중국도 엄격한 대응을 취할 수 있도록 지속적으로 요구할 필요가 있다.

다만 제재는 본래 정치・외교상의 수단일 뿐, 목적은 아니다. 일반적으로 국제관계에서 제재활동의 목적으로는 ①상대국에 대한 정치적 의사 표시 ②상대국의 정책적 변화의 유도 ③상대국 정권의 체제교체 ④관계국의 단결 ⑤국내 여론을 겨냥한 내정(內政)의 효과—등 여러 가지가 있다. 지금까지는 UN의 결의 이행에 보조를 맞춰 온 국제사회도, 각 나라마다 목적이나 중시하는 바가 조금씩 다른 것이 사실이다.

한・일 양국은 많은 이해관계를 공유하는 이웃 나라로서, 제재를 통해 무엇을 어떻게 실현할 수 있을 것인가. 북한 경제나 김정은 정권의 내구성, 제재에 대한 북한의 대응, 관계국의 동향에 따라 어떠한 액션을 취할 것인가. 한・미・일이 정책조정감시기구를 통한 긴밀한 협의 끝에 포괄적인 정책을 만들 수 있었던 90년대 후반과는 상황이나 조건이 많이 바뀌었다. 한・일 양국 모두의 동맹국인 미국도 참여하여 구체적인 전략, 전술을 다시금 가다듬을 필요가 있을 것이다.

3.7 현안 해결 후의 북한 경제개발 계획 검토

북한의 정치경제 동향에 따라 큰 영향을 받지 않을 수 없는 한국이나 일본은, 북한에서 급변사태가 발생할 경우에 대한 대비나 현안 해결 후의 청사진에 대해서도 구체적인 계획을 마련해 둘 필요가 있다. 군사적인 대응에 있어서는 동맹국인 미국의 역할이 결정적이지만, 경제면에 있어서는 남북통일이라는 대의를 가진 한국과 동아시아의 경제대국인 일본의 역할이 중요하다.

남북통일의 비용에 대해서는 1990년대 이후 한국을 중심으로 여러 가지 추산이 나왔지만, 대부분의 경우 갑작스러운 통일보다 점진적인 통일의 경우가 비용이 적게 발생하며, 한국의 부담도 적어진다는 결과를 내놓고 있다.

최근의 연구로는, 2014년 11월에 한국의 기획재정부와 통일부 등이 참가한 '통일금융 T/F'에서 내놓은 광범위한 통일 비용 추산이 있다.[1] 이 추산에 따르면 통일 비용은 약 5,000억 달러. 한국은행이 추산한 북한의 1인당 GDP(국내총생산) 1,251달러를 20년 이내에 한국의 약 절반인 1만 달러 수준으로 끌어올리는 것을 조건으로 설정하였다. 핵심이 되

---

1) 한국금융위원회, '한반도 통일과 금융의 역할 및 정책과제'(2014년 11월 19일)

는 것은 인프라 투자나 산업 인프라의 개선이다. 그 외에도 여러 가지 추산이 있지만, 북한의 경제개발에는 막대한 비용이 소요될 것이라는 점은 틀림이 없다.

일본은 2002년 9월에 당시 고이즈미 준이치로(小泉純一郎) 총리와 북한의 김정일 국방위원장 사이에 교환한 북·일 평양선언에서 양국의 국교가 정상화된 후에 북한에 대한 경제협력을 추진한다는 방침을 표명하였다. 무상자금협력, 저금리 장기차관의 제공 및 국제기구를 통한 인도주의적 지원 등이 주요 내용이며, 민간경제활동을 지원하는 차원에서 국제협력은행 등으로부터의 융자나 신용공여도 제공한다는 내용이다.

일본은 핵 문제 및 미사일 문제, 일본인 납치 문제의 포괄적인 해결을 국교 정상화의 조건으로 내걸고 있어서, 북한이 핵·미사일 개발에 몰두하고 있는 현 상태에서는 이러한 계획도 그림의 떡이나 다름없다.

남·북 관계, 북·일 관계 모두 당장은 큰 폭의 개선을 기대할 수 없지만, 상대는 게릴라성 활동이 특기인 '유격대 국가'라고 일컬어질 정도로, 대외관계에 있어서도 '깜짝쇼'나 '갑작쇼'를 반복해 온 북한이다. 작은 계기를 바탕으로 급전개가 이루어질 수도 있는 것이 국제관계이기도 하다.

하물며 최근에는 간부들에 대한 숙청이나 엘리트층의

탈북이 줄을 잇고 있어, 북한의 급변사태 발생 가능성도 점쳐지는 상황이다. 그러한 가능성에 대해서는 여러 가지 견해가 있지만, 한·일 양국에게는 북한의 군사적 도발만큼이나 김정은 정권의 붕괴 혹은 북한의 급변사태도 커다란 리스크임에 틀림없다. 언젠가는 마주하게 될 과제인 북한의 경제개발에 대해서 지금부터 계획을 세워두는 것은 매우 중요하다.

북·일이 국교정상화 후 경제협력을 시작하게 되면, 북한과 일본의 경제협력은 양국간의 협력을 기본으로 하게 될 것이지만, 북한의 경제개발은 동북아시아의 평화와 안정과 밀접한 관계가 있으므로, 다국간의 경제협력의 틀을 만드는 것도 관건이 될 것이다. 북·일 국교정상화는 일본과 한반도 전체의 지난 역사를 청산하는 작업이 완료되는 것을 의미하는 만큼, 특히 한국과의 조율이 중요하다. 한국이 생각하는 남북통일 구상과 일본의 한반도 정책이 조화를 이루는 방향으로 나아가지 않으면 동북아시아의 평화적 발전으로는 이어질 수 없다.

따라서 일본의 북·일 협력방안에는 한국의 협력을 전제로 하는 시나리오 작성이, 그리고 한국이 구상하는 통일 구상에는 일본의 협력이 불가결하다. 이것은 급변사태 이후의 경제부흥 방안에도 응용할 수 있는 부분이 있다. 구체적인 프로젝트로서는, 남·북간의 물류와 에너지 연결, 북한의 산

업근대화를 위한 한·일 공동의 설비·기술협력, 북한으로
부터의 한·일 공동개발수입 등이 3국간 협력 대상으로 검토
될 수 있을 것이다.

〈표1〉 북·일 '경제협력자금'의 사용 대상으로 상정된 분야

분야	내용
운수 교통 분야	1) 철도·도로 　전화 하드웨어 정비, 철도 복선화, 고속철도 건설 　기관차, 화물차 등의 설비 개선과 확충 　화물 추적 시스템 　도로포장·확충 2) 항만·공항 　항만시설의 현대화, 지방 항공의 건설 　해양 분야 인재의 육성 　북·일 항로(해운, 항공)의 운영 3) 상업서비스·물류 현대화 　트럭 운송 시스템 지원 　도·소매 분야의 제도 정비와 인재육성
전력 · 에너지 분야	1) 전력 　발전소시설(화력, 수력)의 보수·관리, 신설 　― 환경을 고려한 발전 2) 석유 　원유 등의 위탁가공, 산업 및 발전용 중유 공급 3) 석탄 및 천연가스 　CCT(Clean Coal Technology) 기술 공동개발 　무연탄 수입 　동북아시아의 천연가스 네트워크 형성
지하 자원 부문	1) 자원개발수입 　함경도지방(마천령 산맥)의 지하자원 개발 　텅스텐, 마그네슘, 석탄, 철광석, 희귀금속 등

분야	내용
	2) 인재교육 지질연구소 관계자 인재육성
농림 수산 부문	1) 농업생산의 증가 　① 생산기반시설의 정비 　　농업기계, 농업용 석유의 공급, 비료공급체계의 개 　　선 지원 　② 농법개선 　　종자개량 지원 2) 수산부문의 정비 　에너지·어선 및 장비의 공급, 양식기술의 지원 3) 산림자원의 보호 　식목사업 지원, 임업자원 재배기술 지원
제조업 분야	1) 한·일간의 산업보완성이 있는 분야의 기업육성 　금속, 희토류, 석유화학, IT, 식품가공, 정탄(clean 　coal) 생산 　제철소 정비, 비철금속공장 정비 　물류·금융의 육성과 네트워크화 　환경오염 방지 2) 인재육성(공업고등학교, 고등전문학교의 설립) 　제조기술인재의 육성 　신규산업인재의 육성

자료 : '해부 북한리스크' 340p. 이찬우 작성

〈표2〉 동아시아 지역 경제협력의 예

구분		내용	일본의 주요 협력 상대국(注)(북한과 국제기구를 포함)
국경 통과 물류망	항만, 공항	무역항정비, 공항정비(나선, 청진 등)	러시아, 한국, 중국
	운송로	일본해(동해)해로,　항로의	

구분		내용	일본의 주요 협력 상대국(注)(북한과 국제기구를 포함)
에너지 공동 이용 협력		건설	
	전력	발전소와 송배전선의 보수 극동 러시아 전력의 공동 이용	러시아, 한국
	원유	승리화학(선봉)의 공동이용	러시아, 한국
	천연 가스	동시베리아 천연 가스 파 이프 라인 건설	러시아, 한국
대기·수질오염 방지		환경설비의 공여, 압록강과 두만강의 국제공 동 관리	러시아, 한국, 중국

주(注) : 미국, EU 등의 여러 국가도 다국간 협력에 참가 가능
자료 : '해부 북한리스크' 341p. 이찬우 작성

세계의 성장 센터라 일컬어지는 동아시아는 향후 경제 면에서도 어려운 시기를 맞이할 공산이 크다. 세계 2위의 규모로 올라선 중국의 경제성장 감속은 이미 지역 경제에 커다란 영향을 미치기 시작했다. 이는 비단 경기순환의 문제인 것만은 아니다. 한·중·일 3국이 모두 급속한 저출산 고령화 등의 문제점을 안고 있어, 중·장기적으로 커다란 시련에 직면할 가능성도 있다. 한·일 양국은 이제부터 리스크 대응이라는 관점에서만이 아니라, 경제정책의 관점에서도 북한 문제를 고쳐 생각해볼 필요가 있을 것이다.

질의응답

- 북한의 핵 문제에는 군사, 외교, 경제 등 여러 분야의 문제가 얽혀있으므로, 이를 해결하기 위해서는 포괄적인 합의가 필요할 것입니다. 북한에 대해서는 지금까지도 '채찍과 당근'이라는 전략을 취해왔습니다만, 북한의 핵이나 미사일의 수준이 향상된 이상, 채찍도 당근도 기존보다 더 강력한 메뉴를 준비하지 않으면, 상대방을 움직일 수 없을 것이라고 생각합니다.

〈제 198회 일본 전문가 초청 세미나〉
● 주제: 북한 리스크와 한일협약
● 강연자: 이주인 아쓰시(伊集院敦)

질문1 : 세계적인 핵 확산 경향과 북한의 특수성 　강연 중 북한의
　　　　핵 문제와 관련하여, '병진노선'이라는 북한의 특수
　　　　성에 초점을 맞추어 설명을 해주셨습니다. 그런데 핵
　　　　확산이라고 하는 보다 일반적인 현상, 다시 말하면
　　　　현재에 이르기까지 세계적으로 핵이 확산되어 온 역
　　　　사를 되돌아볼 때, 사실상 핵무기 기술을 취득한 국
　　　　가로 하여금 그것을 포기시킨 사례는 쉽게 발견되지
　　　　않는다고 생각합니다. 물론 남아프리카 공화국의 경
　　　　우처럼 스스로 핵 포기를 선언한 경우도 있고, 우크
　　　　라이나의 경우에는 냉전이 종결된 후 미국이나 영국,

혹은 기타 유럽의 여러 나라들로부터 나토 수준의
안전보장을 보장받은 이후 핵을 포기한 케이스도 있
기는 합니다. 그리고 브라질이나 아르헨티나의 경우
에도 비핵화 지대의 구축에 합의하여 일단은 (비핵
화가) 가능하였습니다만, 아시아라는 지역에 한정하
여 살펴보면, 가령 인도나 파키스탄의 경우에는 핵을
포기하지 않고 있습니다. 그런 측면에서 볼 때에, 현
재 병진노선을 취하고 있는 북한에 대하여 한·중,
한·미·일, 혹은 그 외에 다국간 협력 등 어떤 형태
의 협의체를 구성하여 대응하는 것으로써 북한으로
하여금 핵을 포기하도록 하는 것이 가능할까요? 만
일 그러한 가능성이 있다고 판단하신다면, 그 방법에
대해서 보다 구체적인 설명을 부탁드립니다.

답변1 : 북한의 특수성과 외교적 해법 참으로 어려운 문제입니
다. 핵의 확산이라고 하는 것은 비단 북한 한 나라의
문제만이 아니라 세계적인 문제이기 때문에, 세계 각
국도 주시하고 있습니다. 말씀하신 것처럼 인도나 파
키스탄 같은 상황도 있는데, 그렇기 때문에 더욱 북
한은 사실상의 핵보유국이라는 지위를 바라고 있는
것입니다. 북한은 인도나 파키스탄의 상황도 보고 있
고, 반대로 이란이나 리비아의 케이스도 주시하면서

전략을 세우고 있습니다. 다시 말해, 핵을 포기하는 순간 어떠한 운명을 맞이하게 될 것인가를 고려하고 있다는 것입니다. 한 예로 (리비아의) 카다피가 주민들에게 학살당하는 영상이 있습니다만, 현재 북한은 이 영상이 국내에 유입되는 것을 가장 두려워하고 있는 모양입니다.

그렇다면 우리들은 유사한 케이스로부터 어떠한 교훈을 얻을 수 있는 걸까요. 예를 들어 이란의 경우를 생각해 봅시다. 이란도 얼마 전 핵무기 관련 협의가 이루어졌습니다만, 이와 비슷한 케이스가 북한에서 재현될 수 있을 것인가 하면, 그것은 불투명합니다. 왜냐하면, 두 나라는 비슷한 면도 있지만 굉장히 다른 면도 있기 때문입니다. 상당 기간 동안 제재를 가한 결과, 이란에서는 말씀드린 것과 같은 성과를 얻을 수가 있었습니다. 즉, 일정 부분 제재의 효과가 있었다고 생각됩니다. 그러나 이란의 경우에는 석유 수출을 통해 어느 정도의 경제 수준에 도달해 있었고, 게다가 중산계급 비슷한 층이 어느 정도 형성되어 있었습니다. 게다가 이란 안에서는 정권이 교체된 일도 있었는데, 그렇기 때문에 제재가 효과를 본 측면도 있습니다. 그러나 북한의 경우에는 3대째 세습된

독재체제를 유지하고 있으며, 외부로부터의 정보도 차단되어 있습니다. 제재를 가해도 원래부터 경제수준이 낮기 때문에, 얼마만큼의 시간을 들이더라도 어느 정도의 효과를 얻을 수 있을지 확신하기 어렵습니다. 역시 이란과 북한을 그대로 비교하는 것은 불가능하다고 생각합니다.

북한의 케이스는, 세계 핵 비확산의 문제와 연관되어 있는 동시에 북한의 독재체제와 관련된 특이한 면도 있습니다. 북한 핵 문제의 또 하나의 특징은 동북아시아 지역에 잔존하고 있는 냉전구도의 문제와도 밀접하게 연관되어 있다는 것입니다. 한반도가 남과 북으로 분단되어 있는데다가, 자유주의진영인 한국과 미국, 공산주의진영인 북한과 중국이라는 구도로 이념이나 국가체제가 나뉘어 있으며, 군사적인 대립상태도 남아있다는 어려움이 있습니다.

그런 점에서 한국과 북한이라는 당사자들뿐만이 아니라, 한반도 문제에 커다란 이해관계를 가진 미국, 중국, 그리고 러시아나 일본이 더해진 6개국 간의 협의라고 하는 것은, 지역 문제를 협의하는 하나의 틀로서는 합리성이 있다고 할 수 있을 것입니다. 6자회담은 더 이상 의미가 없다는 목소리도 일부에서는 나오고 있습니다만, 적어도 당사자 간의 합의를 담보하고, 지역 전체의 안정적인 관계를 구축하는 데에 있어서는 일정한 효력을 발휘할 수 있지 않을까 생각합니다. 그리고 비핵화의 합의를 도출해내기 위해서는 남·북을 비롯하여, 북·미, 북·중, 북·일 등의 일대일 관계도 중요합니다. 더욱이 북한을 움직이기 위해서는 한·미·일, 한·중·일 등 주변국이나 관계국들이 여러 형태의 조합을 이루어 대응하는 것도 상당한 영향을 미칠 수 있을 것이라고 생각합니다. 결국 이 문제를 다루는 데 필요한 것은, 관계국들의 힘을 합치는 것입니다. 이상(理想)이나 번지르르한 말들만 늘어놓는 취약한 합의가 아니라, 사태를 정말로 변화시킬 수 있는, 상당한 역량이 포함된 합의, 관료 레벨에서의 작문이 아니라 관계국의 최고지도자들이 직접 관여하여 정치적인 무게감이 느껴지는 실효성 있는 합의, 그러한 합의를 만들어 나가지 않으면 실제적으로 이루어질 수 있는 조치는 마련될 수 없는 것이 아닐까 생각합니다.

북한의 핵 문제에는 군사, 외교, 경제 등 여러 분야의 문제가 얽혀있으므로, 이를 해결하기 위해서는 포괄적인 합의가 필요할 것입니다. 커다란 합의를 이끌어

내기 위한 대화의 과정에서는 관계국들 간에 다소간 마찰이 발생하는 것도 피할 수 없습니다. 북한에 대해서는 지금까지도 '채찍과 당근'이라는 전략을 취해 왔습니다만, 북한의 핵이나 미사일의 수준이 향상된 이상, 채찍도 당근도 기존보다 더 강력한 메뉴를 준비하지 않으면, 상대방을 움직일 수 없을 것이라고 생각합니다.

코멘트1 : **북한의 경제구조 및 세대교체 등에 관한 코멘트** 북한의 현재 경제에 대해서, 한국의 북한 경제 연구자들은 세 가지 시각을 가지고 있는 것 같습니다. 첫 번째는 선생님 말씀처럼 계획경제가 주도하고 있고 부족한 부분을 시장으로 보완한다는 것, 두 번째는 그와 반대로 이미 북한의 계획경제 시스템은 무너지고 있고 시장이 계획경제를 대체하고 있다는 견해, 세 번째는 그 두 가지의 절충인 것 같습니다. 그리고 아까 노동당 대회 부분에서 세대교체에 대해서는 점수를 낮게 주셨는데, 또 다른 시각은 노동당 대회를 개최할 때까지 지방에서나 최고인민회의에서 선출된 대의원들이나 노동당 정치부 중앙위원회 혹은 지방 대표들을 보면 세대교체가 상당부분 진행되고 있다고 보입니다. 결과적으로 김정은의 유일지도체제도 36년 만에 개최된 노동당대회가 5개년이라는 간격을 두고 다음에 또 열릴 수 있도록 한 것 등을 보면, 체제의 안정성이 확보되었다고 보입니다. 따라서 한·미· 일이 김정은은 얼마 못 갈 것이라고 분석했던 것은 잘못되었다는 것이 이번에 확인 되었습니다.

그 다음에 당대회에서 북한이 "조선반도의 평화와 안정은 우리 민족의 운명과도 사활적인 문제"라고 한 것 등은 핵보유국으로서의 지위를 가지고서 통일 문제에 접근하겠다는 의도로 보입니다. 북한이 평화적 방도와 비평화적 방도를 모두 얘기하고 있기 때문에, 한국 입장에서는 새로운 형태의 체제 경쟁에 진입한 것이 아닌가, 다시 말하면 분단의 장기화, 저는 핵 분단체제라는 표현을 씁니다만, 그러한 단계에 진입하고 있는 것이 아닌가 합니다.

그래서 북한 핵 문제를 접근할 적에 북한 한 나라만 떼어놓고 보기 보다는, 지역의 냉전 구조라든지, 남북한, 미국까지 포함된, 지역의 차원에서 북한 문제를 보지 않으면 북한 핵 문제의 본질에서 멀어질 가능성이 있다고 봅니다.

질문2 : 아베 정권의 대북정책 목표와 일본의 미사일 사거리 첫 번째
질문은 아베 정부의 대북 정책 목표가 무엇이냐는
것이고, 두 번째 질문은 일본이 갖고 있는 미사일의
사정거리는 어디까지인가 하는 것입니다.

답변2 : 아베 정권의 대북정책은, 본인이 말하고 있는 것과
실제 생각하고 있는 바가 어디까지 일치하고 있는지
는 잘 알 수 없는 부분이 있습니다. 그렇지만 공식적
으로 언급하고 있는 바는, 일본 정부의 경우 그다지
변화 없이 이어져 오고 있습니다. 결국 일본의 북한
정책의 기본은 핵 문제·미사일 문제·납치 문제 등
이 세 가지 문제를 해결한 이후에 북한과 국교를 정
상화한다는 것입니다. 이것은 고이즈미 준이치로가
북한을 방문하여 김정일과 맺은 평양 선언의 중심적
인 내용이기도 합니다. 지금의 정권도 그것을 기본으
로 삼고 있습니다.

다만 아베 총리의 경우에는, 그의 정치적 커리어를
보면 납치 문제가 일본에서 크게 부각되기 전부터
그 문제에 주목해서 납치피해자 가족을 위해 여러
가지 활동을 해왔고, 그러한 활동이 평가를 받아서
정치적 커리어를 높여온 경험이 있습니다. 그러니까
납치문제의 해결을 중시하고 있을 것이라고 생각합

니다. 또한, 보수파 정치가이기 때문에 안전보장문제를 굉장히 중시하고 있습니다. 좀 전에 소개드린 안보법제도, 국내에서는 여러 가지 의견들이 있었지만 다소 강경하게 통과시킨 것이 그런 점을 잘 보여준다고 생각합니다.

그 이후에 북한과의 국교 정상화라든가 경제지원 등을 어디까지 생각하고 있는지에 대해서는 아베 수상의 직접적인 언급으로는 그다지 들어본 바가 없습니다. 다만, 그의 외교는 "지구본을 내려다보는 외교"라고도 일컬어지는데, 실제로는 상당히 중국을 의식한 외교 활동을 하고 있습니다. 따라서 그러한 관점을 가지고서 북한이나 한국에 대해서도 접근할 것이라는 점은, 직접적으로 표명은 하지 않았지만 짐작할 수 있습니다.

두 번째 질문인 미사일의 사정거리에 관해 답변을 드리자면, 제2차 세계대전 종전 후 일본은 평화헌법에 따라 "전수방어(專守防衛)"라는 수동적인 방위전략을 고수하고 있습니다.

일본은 외국에 대해 미사일 공격을 할 수 없도록 되어있기 때문에, 그러한 공격용 무장은 가지고 있지 않습니다. 위기가 닥칠 경우에 적(敵) 기지를 공격하는 것은 가능하다는 정부의 국회 답변도 있긴 합니다만, 보유하고 있는 방위력은 자위(自衛)를 위해 필요한 최소한의 무장에 한정한다는 방침으로 대응해 왔습니다. 이 때문에 미사일 방어 시스템 등의 요격형 미사일은 보유하고 있으나, 외국을 공격할 수 있는 탄도미사일 등은 보유하고 있지 않습니다.

저 자 │ 이주인 아쓰시(伊集院敦)

　　와세다대학 사회과학부를 졸업, 일본경제신문사의 정치부 기자로서 활동하며 서울지국장, 중국총국장, 아시아부 편집위원 등을 역임하였고, 현재 일본경제연구센터의 수석연구원으로 재직 중이다. 전문분야는 동아시아의 국제관계로, 특히 중국의 정치·경제, 한반도의 정치·경제, 일본정치를 집중적으로 다루고 있다.

역 자 │ 김민

　　서울대학교 동양사학과 석사과정(일본사 전공)

◐ IJS 서울대학교 일본연구소
Reading Japan 22

북한 리스크와 한일협력

北朝鮮リスクと日韓協力

초판인쇄 2016년 12월 19일
초판발행 2016년 12월 27일

기   획 서울대학교 일본연구소
저   자 이주인 아쓰시(伊集院敦)
역   자 김민
발 행 처 제이앤씨
발 행 인 윤석현
등   록 제7-220호

주   소 서울시 도봉구 우이천로 353 성주빌딩 3F
전   화 (02)992-3253(대)
전   송 (02)991-1285
책임편집 이신
전자우편 jncbook@daum.net
홈페이지 http://www.jncbms.co.kr

ⓒ 서울대학교 일본연구소, 2016. Printed in KOREA.

ISBN 979-11-5917-035-5 03300   **정가** 7,000원